LA TRAHISON DES CHEFS

DU MÊME AUTEUR

Les 7 scénarios de l'Apocalypse, Flammarion, 2000
Le Zombie et le Fanatique, Flammarion, 2002
Le jour où la France tremblera, Ramsay, 2004
Toute l'histoire du monde, avec Jean-Claude Barreau, Fayard, 2004
Toute la géographie du monde, avec Jean-Claude Barreau, Fayard, 2006

Guillaume Bigot

La trahison des chefs

Des politiques aux managers

Fayard

Couverture : un chat au plafond ;
photographie © Mel Curtis/Getty-images.

ISBN : 978-2-213-66232-9

AVANT-PROPOS

« Il dit, montrant la route et les autres suivirent. »

HOMÈRE, *L'Odyssée*, VIII.

Depuis la crise de 2008, le management a perdu de sa superbe. Vilipendé par certains, contesté par beaucoup, il est critiqué par tous.

Une partie de l'opinion dénonce certaines méthodes d'encadrement du privé comme abusives voire cruelles mais il est admis que de telles méthodes sont redoutablement efficaces. L'ouvrage que l'on va lire tend à démontrer le contraire : les techniques de management apprises en école de commerce et appliquées en entreprise ne sont pas seulement contre-productives, elles correspondent à ce qu'il ne faut surtout pas faire pour bien diriger.

Ce texte n'est ni un nouveau pamphlet contre les multinationales ni une satire de plus sur la vie de bureau. Critique de la théorie managériale, il n'est pas un manuel de management alternatif.

La plupart des détracteurs du management ou de l'entreprise ne connaissent ni l'un ni l'autre, soit qu'ils n'ont jamais exercé de responsabilités soit qu'ils jugent l'entreprise de l'extérieur.

Rédigé par un directeur général de groupe d'écoles de commerce qui a rencontré quelques succès mais qui connaît aussi ses limites, ce livre ne prétend pas renouer avec la tradition des miroirs du prince qui expliquent ce qu'il faudrait faire pour bien gouverner. Il est plutôt le témoignage d'un homme qui a découvert les fantastiques potentialités que recèlent les collectivités lorsqu'elles sont bien dirigées. Et le gâchis qu'on peut y faire en les dirigeant mal, ou pas du tout.

CHAPITRE 1

Malaise dans l'autorité

« L'homme est un animal qui, lorsqu'il est avec ses semblables, a besoin de maîtres. »

Emmanuel KANT,
Idée d'une histoire universelle au point de vue cosmopolitique.

Toute une partie de ma vie, je me suis fait une certaine idée de l'autorité. Et cette idée était fausse. J'ai longtemps cru que l'on pouvait vivre sans chef. J'étais loin d'imaginer qu'il pouvait y avoir de bons dirigeants et qu'un jour je m'efforcerais d'en devenir un. Mon histoire personnelle me prédisposait à me défier de l'autorité ou à la défier plutôt qu'à l'incarner.

Une famille sans chef

La première empreinte de l'autorité est celle qu'impriment en nous nos parents. Je suis né dans une famille sans chef. Ayant grandi dans une famille d'accueil, j'ai très tôt perçu l'autorité comme source de désordre. « La loi », pour le tout jeune enfant que j'étais, aura été vécue comme le caprice d'adultes irresponsables. Ma mère chassa mon père. Femme attachante, généreuse mais fragile, elle sentit qu'elle ne pourrait assumer seule son rôle d'éducatrice et, sage décision, me confia à une famille nourricière.

À douze ans, je retournai vivre chez elle. Le premier de la classe que j'avais été devint un adolescent rebelle. Exclu pour « bagarre », « insolence » ou « mauvais comportement », passant d'un établissement à l'autre, j'arrivai à l'âge du lycée presque totalement déscolarisé. Au pied des HLM de la porte de Bagnolet, au milieu des bandes de « racailles », j'avais trouvé une fraternité brutale et exaltante.

Outre les caïds de mon quartier, deux hommes exercèrent sur moi un réel ascendant, sans pour autant me convaincre que de bons chefs pouvaient exister.

Le premier, héritier d'une rude tradition paysanne peinte par les romans de Vincenot, était l'un des frères de ma mère. Cet oncle tenta de m'éduquer. Une maladie, contractée en Afrique, l'avait rendu stérile. À l'amertume qu'il en avait conçue s'ajoutait une grande maladresse. Il n'était pas un pédagogue habile. J'étais un élève coriace.

Le second était un ami de ma mère, Juif russe ayant perdu son frère à Auschwitz. Ce dernier fut davantage un père spirituel. Marqué par le traumatisme que lui avait infligé l'histoire, il croyait qu'en tout chef sommeille un SS. L'uniforme, l'autorité, la société, voilà ce qui avait meurtri sa chair et failli lui coûter la vie. Absence de père et de repères : nous sommes loin de l'enfance d'un chef.

Le bon plaisir individuel comme horizon indépassable

Je suis né un an après Mai 68 et dix ans avant l'arrivée au pouvoir de Margaret Thatcher. Comme l'immense majorité de ceux de ma génération, j'ai grandi persuadé que toute autorité était une ruse des dominants (idée libertaire) ou un moyen de servir des intérêts individuels (idée libérale).

« Il est interdit d'interdire », scandaient les manifestants rue Soufflot ; « Riches de tous pays, unissez-vous ! » reprendront les mêmes quelques décennies plus tard. La dénonciation de la morale bourgeoise puis celle des entraves à la libre entreprise ne s'opposaient qu'en apparence.

Avec le temps, ces deux vagues idéologiques, la libertaire – disqualifiant l'idée d'autorité – et la libérale – niant toute notion d'intérêt général –, convergèrent pour faire du bon plaisir individuel l'horizon indépassable de notre temps.

Un monde globalisé, financiarisé où les patrons estiment ne devoir leur fortune qu'à eux-mêmes.

Un monde sans passé qui ne voit pas que le mouvement de réaction qu'il vit est sans précédent. Et que ce grand bond en arrière a ramené les inégalités, partout, y compris dans les pays émergents, à ce qu'elles étaient à la fin du règne de Victoria.

La principale caractéristique de ma génération de baby-boomers finissants, c'est sa capacité à considérer cette involution inouïe comme tolérable et inéluctable.

Il est révélateur que ce soit un très vieil homme, au soir de sa vie, un compagnon de la Libération, qui ait tenté de réveiller les morts en signant un pamphlet intitulé *Indignez-vous !* Mettons de côté la curiosité révérencieuse manifestée pour ce dernier des Mohicans, l'opuscule de Stéphane Hessel ne nous a pas sortis de notre torpeur.

Résister, s'indigner, se redresser, voilà des postures de chef ! Un monde qui ne croit plus aux chefs est forcément résigné.

Certaines époques ont aimé leurs dirigeants. D'autres ont voulu en changer. D'autres encore ont cru pouvoir s'en passer. La nôtre s'accommode de mauvais maîtres comme d'une fatalité. Nos contemporains pensent qu'ils n'ont d'autre choix que de faire du zèle, pour en retirer un profit personnel, ou d'en faire le moins possible, pour le même motif. Ni les chefs ni les subordonnés ne croient plus à l'autorité. Nous pensons que toute collectivité se résume à un agrégat d'individus. Pour nous, le pouvoir est pantomime au service de qui l'exerce.

L'arène électorale n'intéresse que les professionnels, c'est-à-dire les politiciens, les sondeurs ou les journalistes spécialisés. Pour une majorité de citoyens, la politique est devenue, au mieux, un divertissement. Évidemment, la démocratie demeure le moins mauvais système, mais les scrutins n'offrent plus prétexte aux foires d'empoigne de jadis. Le 10 mai 1981, les pharmacies des beaux quartiers avaient, en une nuit, épuisé leurs stocks de tranquillisants. Depuis, les passions politiques sont refroidies et la France choisit ses dirigeants par défaut. Les élus ne soulèvent aucun enthousiasme. Barack Obama aura été le dernier leader à susciter un élan populaire. Un élan vite retombé lorsque l'orateur charismatique révéla un petit garçon timide et trop bien élevé.

Ultime signe de cette profonde désillusion, la présidentielle du printemps 2012 a consacré un homme normal, presque un anti-chef.

L'entreprise demeure l'un des derniers lieux où le bon plaisir individuel reste bridé. Il n'empêche, chez les salariés domine aussi ce mélange de déception et de résignation. Dans les « boîtes », patrons et « N+1 » sont rarement appréciés. « Dans beaucoup de structures, écrit Aymeric Bouthéon[1], qu'elles soient modestes, très performantes, voire leaders mondiaux (...), il existe de graves problèmes de management d'équipe. »

Aujourd'hui, comment savoir qui est chef et qui ne l'est pas ? Rien de plus simple. Les premiers se plaignent de leurs troupes. Les seconds se lamentent contre les premiers. La génération Y conteste le modèle « corporate ». En fait, nous avons tous un problème avec l'autorité.

Notre époque refoule le chef. Ce mécanisme inconscient découle de trois facteurs qui se conjuguent et se renforcent : le souvenir cuisant des totalitarismes, la domination du libéralisme et ce que Marcel Gauchet a justement nommé la « démocratisation de la démocratie[2] ».

Le marxisme comme le nazisme avaient promu d'effarants cultes du chef. Comme le rappelle Jean-Claude Monod[3] : « Le XXe siècle aura été celui des pathologies du charisme politique. » Des centaines de millions de

1. Aymeric Bouthéon, *30 bonnes pratiques pour coacher son équipe*, Vuibert, 2012.

2. Marcel Gauchet, *La Démocratie contre elle-même*, Gallimard, 2002.

3. Jean-Claude Monod, *Qu'est-ce qu'un chef en démocratie ?*, Seuil, 2012.

morts plus tard, quoi de surprenant à ce que nous nous méfiions des leaders charismatiques comme de la peste brune ou rouge.

Depuis 1989, le libéralisme et sa croyance dans la toute-puissance du marché barrent notre horizon. Marxisme et libéralisme partagent cette erreur de prédire l'effacement des frontières et l'extinction des États. Or, réduire le politique à l'économique revient à tenir le chef pour un épiphénomène passager.

Rejet de tout ce qui rappelle le totalitarisme (l'État, l'idéologie, le militantisme, le machisme, l'intolérance, la violence politique, le volontarisme et, bien sûr, le chef) et absolutisation de tout ce qui s'y oppose (la société civile, le relativisme, l'humanitaire, l'esprit de rébellion, le féminisme, la tolérance, la résignation face à la nature ou au marché) débouchent sur une sacralisation de l'individu. Cette « démocratisation de la démocratie » aboutit à une situation psychologique dans laquelle toute manifestation d'autorité est ressentie comme un viol de la conscience, comme un abus et une usurpation. La persistance des chefs est vécue comme la regrettable rémanence d'une forme d'irrationalité.

Fonctionnaires ou salariés, cadres ou employés, les subordonnés ne croient plus au « bon chef » et doutent qu'un tel spécimen ait jamais existé. J'ai moi-même longtemps cru que la dignité humaine consistait à s'en passer.

Peut-on se passer de chef ?

L'idée que la conscience forme une parenthèse sacrée est aussi ancienne que le monothéisme. Si Dieu est un et s'il a fait l'homme à son image, chacun abrite une part de divin.

De ce constat, les démocrates ont déduit qu'ils devaient protéger l'individu face à l'État. Du caractère inviolable de la conscience, les anarchistes ont tiré des conséquences plus drastiques. Pour les partisans de l'autogestion, aucun individu ne doit obéir à un autre et, s'il le fait, il se déshonore. Cet idéal ne manque pas de grandeur. Adolescent, écoutant les paroles fiévreuses de Léo Ferré, dévorant Proudhon et Bakoukine, j'ai été passionnément anarchiste.

Ne jamais ployer, refuser toute autorité, c'est se prendre soi-même pour maître. Pour reprendre les termes de la psychanalyse, c'est se complaire « dans la toute-puissance ». C'est également poursuivre un idéal viril que l'on retrouve dans de nombreuses traditions guerrières (le code d'honneur des chevaliers du Moyen Âge ou le bushido[1] japonais). « La liberté ou la mort », juraient les anarchistes espagnols. Cinq siècles plus tôt, les conquistadors avaient prêté le même serment. Cet idéal libertaire qui ne croit pas au chef a pourtant sécrété patrons et caïds de première trempe.

Nécessité fait loi. Voulant triompher, les anars durent lutter et s'organiser, donc commander et obéir.

---

1. Le mot désigne le code d'honneur des samouraïs et signifie « la voie du guerrier ».

Les grands leaders anarchistes ne furent pas moins suivis que les autres. Peut-être le furent-ils davantage. Joseph Kessel[1] peint la figure dantesque de Makhno. Mi-bandit, mi-révolutionnaire, ce chef de guerre écuma l'Ukraine entre 1917 et 1921. Sous Makhno, le drapeau noir fit régner l'ordre. Les récits de la guerre d'Espagne abondent montrant des anarchistes dévoués corps et âme. Lorsqu'il était officier de la France libre, Pierre Messmer avait hérité d'anciens des Bridages internationales. L'ex-Premier ministre m'a vanté leur extraordinaire tenue au feu et leur formidable sens de la discipline. Personne ne se passe de chef. Jamais, nulle part.

En France, de 1792 jusqu'en 1958[2], par haine du pouvoir personnel et de la tête du roi – majestueuse entre toutes –, les républicains adoptèrent un régime d'assemblée, aux majorités éphémères.

Du grec *mono*, « un seul », et *arkein*, « commander », la monarchie consacrait le pouvoir solitaire. Les révolutionnaires mêlèrent dans un même opprobre le monarque et ceux qui, selon Beaumarchais, « s'étaient donné la peine de naître » (les aristocrates). Ces républicains avaient beau détester le pouvoir d'un seul, ils se placèrent sous le joug d'un patron. Les coupeurs de têtes suivirent aveuglément des chefs charismatiques. Parmi ces leaders, on songe à Danton qui eut encore l'audace de pousser ce cri sublime sur l'échafaud :

1. Joseph Kessel, *Makhno et sa Juive*, Gallimard, « Folio », 2002.

2. Ce n'est qu'avec la révision constitutionnelle de 1962 que le pouvoir d'État retrouvera en France une incarnation avec l'élection du président de la République au suffrage universel. Entre la légitimité monarchique des Capétiens et celle, républicaine, des urnes, l'éphémère dynastie des Bonaparte fait figure de transition.

« Bourreau, n'oublie pas de montrer ma tête au peuple, elle en vaut la peine ! » On pense à Robespierre qui, tout en ne jurant que par la stricte égalité des citoyens, devint monarque absolu des jacobins. Ces fortes têtes firent d'admirables chefs.

« La révolution s'arrêtera aux bornes que je lui fixerai », avait promis Bonaparte. Promesse tenue. Par l'oncle, puis par le neveu. Les républicains tenaient la dynastie corse pour usurpatrice. De la charge de Victor Hugo contre « Napoléon le petit » à la dénonciation du « coup d'État permanent » par Mitterrand, toute la critique du césarisme se résume à cet argument qu'il est inique de donner le pouvoir à un seul. « Ni Dieu, ni César, ni tribun »... Et pourtant, par deux fois, des révolutions antiroyalistes s'abandonnèrent à des empereurs (1795 et 1851). Par deux fois, des Républiques impotentes se donnèrent à un homme providentiel (1917 et 1958). Des épilogues qui prouvent qu'un pouvoir ne dure qu'en s'incarnant.

Les sans-culottes reprochaient au roi de se vouloir empereur en son royaume. Les républicains ne l'avaient pas vu mais tout chef est toujours roi chez lui. Tout patron est obligatoirement monarque dans sa société. Tout président est forcément souverain en son conseil d'administration.

Comme le savait Homère : « Il n'est pas bon que plusieurs gouvernent ; qu'un seul soit roi ! » (*L'Illiade*, II, 204). Il ne devrait jamais y avoir qu'un seul numéro un. Dans une même organisation, État, parti, syndicat, hôpital ou gare, nommer deux chefs, c'est programmer l'élimination de l'un par l'autre. Deux hommes qui se respectent finiront par se haïr s'ils sont placés dans une situation où leur pouvoir se neutralise. Deux dominants à qui l'on confie les mêmes responsabilités deviendront Abel et Caïn. Suprême ou picrocholin, le pouvoir ne se partage pas. Le triumvirat antique déboucha sur le monopole de César, le moderne sur celui de Bonaparte tandis que le Directoire fut la chose de Barras. En quelques mois, de Gaulle se débarrassa de Giraud. À la fin des années 1990, couple franco-allemand oblige, il fallait deux têtes au sommet d'EADS, l'une française et l'autre allemande. Il ne s'écoula pas un an avant que Louis Gallois prenne la barre. Parmi les chefs, il y a toujours un *Primus inter pares*, un premier entre ses égaux.

Le destin de toute collectivité est entre les mains de son chef

Prétendre que le dirigeant influence une institution est inexact. En réalité, le succès ou l'échec d'une institution dépend entièrement de sa tête.

Prise en main par un coach brillant, une équipe médiocre peut devenir une machine à gagner. Les aficionados du ballon rond content mille anecdotes qui en attestent. Si l'on doute que l'inverse soit vrai, il suffit de se remémorer la pantalonnade des Bleus en Afrique du Sud en 2010 : elle révéla comment une équipe mal dirigée court au fiasco.

Cette sélection tricolore n'était pas moins douée que celle qui gagna la Coupe du monde en 1998 ou que celle qui faillit l'emporter en 2006. Seule différence entre les Bleus de 2006 et ceux de 2010 : les derniers n'avaient plus de patron. Après le départ d'Aimé Jacquet, les Bleus furent en fait dirigés par Zinédine Zidane. Ce

dernier parti, les lions se transforr
Domenech n'était pas un chef : le
zizanie sur le terrain, dans les vesti
l'autobus. Dans leur club d'origine,
de 2010 avait été capable de prou
parce qu'ils y étaient bien dirigés.

Avec un grand capitaine, une armée dépenaillée peut vaincre. En 1796, la République confia à Bonaparte le commandement de l'armée d'Italie qui méritait à peine le titre d'armée. Tel est le sens de l'exorde de Napoléon : « Vous êtes nus, mal nourris (…). Je veux vous conduire dans les plaines les plus fertiles du monde. (…) Soldats d'Italie, manqueriez-vous de courage ou de constance ? » Dirigés par un chef génial, ces hommes « nus et mal nourris » balayèrent les redoutables régiments autrichiens.

Deux siècles plus tard, en Indochine, paras et légionnaires étaient encadrés par des généraux ayant juré qu'ils ne perdraient plus une bataille. Cette troupe d'élite fut brisée net par un petit homme fluet, en pantalon de toile crème, torse nu et tirant sur sa pipe : Hô Chi Minh. À Diên Biên Phu, le chef du Viêt-minh infligea à l'armée française l'une de ses plus humiliantes corrections. Tout grand chef transforme le plomb en or !

Grâce à de talentueux tyrans, de minuscules États, comme Cuba ou l'Albanie, peuvent tenir la dragée haute à des superpuissances là où de grands pays s'alignèrent en maugréant. Songeons à l'autorité implacable de Castro ou d'Hodja mais aussi aux atermoiements du brave Guy Mollet, ayant fait débarquer nos troupes à Suez et qui les rembarqua sitôt que Moscou et Washington levèrent un sourcil. Le même sera accueilli par des jets de tomates à Alger.

bons chefs, on dit qu'ils ont la baraka. « Bons ‹s » : nous n'employons pas ces termes dans un sens ‹noral car des chefs monstrueux peuvent, hélas, se révéler être de remarquables leaders.

« A-t-il de la chance ? », interrogeait Napoléon avant de nommer un homme. Chefs ou pas, nous avons tous à peu près autant de chance. Notable différence, ceux à qui tout semble réussir ne laissent jamais passer la leur. L'un des signes distinctifs du chef, c'est qu'il se sait responsable. « Que ceux de nos princes qui ont été dépouillés de leurs États, estime Machiavel, n'en accusent point la fortune. »

Tenir le patron pour cause primordiale du succès ou de l'échec d'une entreprise, n'est-ce pas un peu excessif ? Un tel scepticisme confirme que nous ne croyons plus aux chefs. Les preuves du caractère écrasant de leurs responsabilités s'étalent pourtant partout : avec Messier, un quasi-monopole comme Vivendi s'est mis à perdre de l'argent. Avec Bon, Breton et Lombard, de laboratoire hyper lucratif, France Télécom Orange est devenu un réseau de boutiquiers au bord du dépôt de bilan.

Les bons patrons peuvent diriger n'importe quoi. Ils sont capables de tirer le meilleur parti de n'importe quelle collectivité. Les mauvais dirigeants peuvent réduire en poussière les plus beaux édifices, ils resteront mauvais quoi qu'on leur confie. Il arrive parfois qu'un leader s'accorde parfaitement avec sa fonction comme un rôle colle à la peau d'un acteur, mais tout le monde sait aussi qu'un acteur excellent peut jouer tous les rôles (c'est même à cela qu'on le reconnaît).

Le coefficient multiplicateur ou diviseur du chef

De grands leaders peuvent être de brillants intellectuels (ce fut le cas de Marc Aurèle) ou des autodidactes (Lula au Brésil). Des hommes chaleureux peuvent faire d'excellents meneurs (Roosevelt) et des introvertis commander admirablement (de Gaulle). On vit des gamins (Saint-Just) assumer le pouvoir. On a aussi vu des Cincinnatus se couvrir de gloire. Quant aux femmes, rien ne les distingue des hommes lorsqu'elles dirigent efficacement. Charisme, énergie, opiniâtreté, ruse : tous les grands chefs se ressemblent peu ou prou. On juge un arbre à ses fruits. On estime un chef à sa tribu, un souverain à son royaume, un P-DG à son business et un général à son armée. Ce qui fait le bon ou le mauvais leader, c'est l'institution bien ou mal dirigée.

Les effets du bon dirigeant sont visibles à l'œil nu. Le chef pacifie et permet à des personnalités et des caractères qui se sont rarement choisis de coexister.

Qu'un patron habile soit nommé et des collaborateurs, qui hier encore se regardaient en chiens de faïence, se mettent à coopérer. Certaines collectivités sont accidentelles, c'est le cas des entreprises, que l'on peut facilement rejoindre ou quitter. L'appartenance à d'autres groupes, religieux, ethniques ou nationaux, est plus charnelle et plus durable. Le degré de cohésion des collectivités dépend de leur nature, mais aussi et peut-être surtout de la manière dont elles sont dirigées. Un imam ne sachant pas s'y prendre transformera sa mosquée en foire d'empoigne tandis qu'un président charismatique peut faire de son club de bridge une quasi-secte.

Grâce à une bonne tête (chef vient du latin *caput*), les membres d'un groupe se regarderont comme un même corps. Sous la coupe d'un leader, soldats, équipiers, salariés ou citoyens tendront à former une communauté. Plus le chef excelle dans l'art de diriger et plus elle sera soudée.

À l'inverse, lorsque le chef est mauvais, l'ambiance devient exécrable. Dans ma rue, une entreprise qui a périclité était visiblement mal dirigée. Passant tous les matins devant son siège, j'entendais ses salariés, regroupés sur le trottoir, se plaindre et dénigrer leurs collègues. Penché à ma fenêtre, je découvris que les employés passaient le plus clair de leur temps à fumer. Autoritariste ou mou, étouffant ou inexistant, un mauvais chef divise.

Lorsque le leader est inapte, Sartre a raison : l'enfer, c'est les autres et le groupe devient huis clos ! En revanche, participer à une œuvre commune peut devenir exaltant comme le décrit Saint-Exupéry dans *Citadelle*.

Pour décrire les effets, parfois plus que proportionnels, d'une injection d'argent dans le circuit économique, Keynes parle de « coefficient multiplicateur ». Selon l'économiste anglais, en dépensant 2 millions en grands travaux, l'État peut engendrer 200 millions de transactions. Une dépense publique peut ainsi déclencher des effets financiers qui seront les multiples de la somme initiale.

Je crois au coefficient multiplicateur ou diviseur du numéro un. Un bon dirigeant fera plus qu'additionner la valeur individuelle de ses subordonnés, il peut la démultiplier.

Le patron efficace permet à chacun de donner le meilleur de lui-même, il galvanise. Le véritable leader élève ses subordonnés. Équipe sportive, entreprise, Église ou parti, la présence d'un chef compétent fera que le groupe vaudra plus que la somme de ses membres.

Mal encadré, le groupe se déchire et chacun vaut alors moins – et parfois bien moins – qu'il ne vaut individuellement. Dans une société mal dirigée, les bas instincts ressortent, les gens deviennent paresseux, jaloux, médisants et agressifs.

Plus le groupe est fermé (caserne, monastère, sous-marin) et plus les effets délétères du piètre commandement se feront sentir.

En présence de patrons respectés, on se tient, on fait un effort sur soi. Les grands dirigeants sont imités par leurs subordonnés, comme les pères le sont par leurs fils. Régis Debray[1] relève que la politique, « maladie optiquement et non sexuellement transmissible, donne lieu à des épidémies imitatives qui se propagent à partir d'un foyer central (l'Aimé) ».

Sarkozy a ses clones (Estrosi, Hortefeux), comme Chirac (Tibéri, Toubon) ou de Gaulle (Pompidou, Couve de Murville) avant lui. Toute une génération de communistes reprit, sans même s'en rendre compte, l'accent et la gouaille de Marchais. Dix ans après la disparition de Mitterrand, ses partisans empruntent son intonation (Jean-Pierre Chevènement), affichent le même rictus (Jack Lang) ou portent un feutre noir

1. Régis Debray, *Loués soient nos Seigneurs*, Gallimard, 1996.

(Laurent Fabius), et parfois les trois à la fois (François Hollande). Nous sommes ici confrontés à une dimension aujourd'hui occultée de la nature humaine. En cela, nous sommes comparables aux chimpanzés qui épouillent leur dominant. Cet aspect de l'humanité peut être déplaisant. Le nier ne sert à rien. Sans cet instinct hiérarchique, il n'y aurait pas de grands hommes pour servir des causes qui dépassent « chacune de nos pauvres vies », comme l'exprima de Gaulle le jour de la Libération.

Le mal n'est refoulé que par un bon commandement. Seul le pouvoir arrête le pouvoir, seul un dirigeant fort peut stopper un tyran. Pour écraser Hitler, il fallut Churchill.

Bienveillant ne veut pas dire faible. Faire couler un peu de sang évite parfois d'en répandre des flots. Licencier quelques salariés peut épargner des milliers d'emplois. Cette logique de sacrifice de l'individu pour préserver le groupe nous est devenue étrangère, ou plutôt nous voulons l'oublier. Un exemple saisissant de cette occulation nous est offert par *La Chute du Faucon noir*. Basé sur des faits réels, ce film de Ridley Scott rappelle comment les commandos américains à Mogadiscio ont sacrifié une section entière pour secourir l'unique survivant d'un crash d'hélicoptère. Notre psychologie, qui ne voit que l'individu, peut nous empêcher de prendre les décisions qui s'imposent. L'endettement des États occidentaux, États-Unis en tête, en offre une autre illustration. Les dettes accumulées par les États occidentaux ne seront jamais remboursées aux imprudents (banques, fonds de pension ou spéculateurs) qui leur ont consenti des avances. Incapables de considérer que l'intérêt de populations entières doit primer sur celui des seuls épargnants privés, nos dirigeants s'acharnent à vouloir rembourser, aggravant ainsi et la dette et la situation économique. Churchill avait prévenu les pacifistes qui préféraient la paix à l'honneur qu'ils auraient et le déshonneur et la guerre. À présent, ceux qui préfèrent la récession à la faillite récolteront et la faillite et la récession.

De même, lorsque la paix d'une collectivité est menacée, la clémence peut se révéler catastrophique. Dans la cité de Pistoia, rapporte Machiavel, les émeutiers n'ayant pas été châtiés avec rigueur, les troubles se propagèrent et les pertes furent innombrables.

Nous sommes convaincus que le pouvoir serait mauvais par essence. Tragique contresens. C'est parfois l'absence ou la débilité du pouvoir qui engendre le pire. Par la faute de Pétain, Hitler n'eut pas à immobiliser des troupes pour contrôler la France. La mollesse de l'État français face à l'occupant rendit possible la perpétration, sur son sol, de crimes contre l'humanité.

Charles X, roi veule, laissa sa mère déclencher la Saint-Barthélemy. Henri IV, souverain énergique, mit un terme aux guerres de Religion. Après Louis XIV, chef excellent, Louis XV, souverain faible, laissa les grands relever la tête. Sous Louis XVI, trop conciliant, ce fut la guerre civile.

La nature a horreur du vide. Si le dirigeant n'exerce pas son autorité, il trouvera pléthore de candidats pour le remplacer. C'est l'éternelle rivalité des mâles dominants. Le conflit dure jusqu'à ce qu'un prétendant prenne le pouvoir. Contrairement à ce qui se passe dans le règne animal, la rivalité des « alpha » peut dégénérer. Saint Augustin avait baptisé cette malédiction la *libido dominandi*.

L'homme, mammifère collectif et hiérarchisé

Nous sommes encore marqués par la philosophie du XVIIIe siècle qui croyait en une nature humaine solitaire. À tort. L'homme est un mammifère grégaire. Il est doté d'un instinct hiérarchique qui le pousse à obéir ou à commander.

Il n'y a pas et il n'y a jamais eu d'humanité sans chef. Tribus ou empires, féodalités ou États nations, toutes les communautés sont et seront dirigées.

Les éthologues distinguent les animaux solitaires des grégaires. Au sein d'une famille de mammifères, les félins par exemple, les deux types peuvent coexister : les lions vivent en bande et les tigres isolés. Le phénomène de domination concerne aussi bien les races sociales que les autres. La domination d'un individu lui assure une position de chef. Les biologistes parlent de mâle dominant ou alpha. Chez les singes, l'individu qui possède ce statut dispose d'un accès privilégié à la nourriture et aux femelles. Les autres membres du groupe lui expriment diverses marques de respect ou de soumission.

Au sein de toutes les espèces, les privilèges du chef se payent d'un devoir de protection en cas de danger. On y reviendra.

Dans le règne animal, la nature répond sans fard à la question : Qui domine ? Le dominant est toujours un mâle, d'âge nubile, et c'est toujours le plus fort. Des combats ou des rites d'intimidation décident qui dirige.

Plus l'animal est complexe, plus ses facultés cognitives sont développées et moins les gènes règlent la domination. Les primates supérieurs sont tous des espèces sociales. Le gorille est moins intelligent que le chimpanzé. Chez les gorilles, la domination s'exerce de manière plus brutale, et, ainsi, plus « naturelle » que chez le chimpanzé. Il suffit d'observer une troupe de gorilles pour repérer son chef : c'est celui qui ressemble davantage à Schwarzenegger qu'à Gandhi ! C'est toujours le plus costaud. Chez les chimpanzés, le caractère joue un rôle aussi important que la masse musculaire pour désigner le mâle alpha. Chez nos proches cousins, diplomatie, ruse et capacité à interagir comptent autant que l'agressivité pour « élire » le chef. Plus l'animal est intelligent et moins la testostérone pèse.

Des déterminants instinctifs, comme les hormones agressives, dissuadent les rivaux et protègent le groupe. En revanche, ceux qui dirigent les meutes humaines ne sont pas nés chefs, ils n'étaient pas génétiquement programmés pour le devenir.

L'homme, un animal politique

Se rattachant à l'animalité par son instinct hiérarchique, l'humanité s'en détache par son besoin politique, c'est-à-dire son besoin de règles artificielles déterminant qui doit diriger et au nom de quoi. Lorsque Aristote affirme que l'homme est un animal politique, il ne dit pas autre chose. Il souligne que l'autorité politique (par opposition à l'autorité familiale, celle d'un parent sur un enfant, ou encore celle du mari sur la femme, ou du maître sur ses esclaves) s'exerce entre égaux. Reprenant cette idée, Kojève[1] considère que ce type d'autorité est aussi bien celle du gouvernant sur les gouvernés que celle de l'officier sur ses soldats, du chef sur sa bande ou du patron sur ses collaborateurs. Nous sommes au cœur d'un paradoxe : la nature humaine impose une hiérarchie mais ne règle pas son mode de fonctionnement.

Toutes les tentatives de retour à « l'état de nature » ou « au jardin d'Éden » échouèrent. Phalanstères, abbayes de Thélème, saint-simoniens avant-hier, kibboutzim et fermes du Larzac hier ne firent pas exception. Ces communautés n'étaient pas toutes fondées sur la négation de l'autorité. Il y fut parfois question de limiter le pouvoir en le confiant à des leaders révocables *ad libitum*. D'autres fois, les hommes tentèrent carrément de se passer de chef. Mais partout, à force d'être refoulé, l'instinct hiérarchique finit par se venger.

Dans son roman, *Week-end à Tournevent*, André Di Carlo offre une peinture, plus vraie que nature, de retour à un état soi-disant originel. L'action se situe dans les Pouilles où des bobos milanais passent le week-end. Dans cette campagne isolée, les jeunes cadres dynamiques se perdent dans une zone où leurs portables ne captent plus. Ils tombent nez à nez avec des hippies rescapés des *seventies*. Une communauté dirigée *manu militari* par un chef charismatique. Nos bobos sont contraints d'obéir. Contestant son autorité, l'un des Milanais n'a d'autres options que de le renverser et de prendre sa place.

Dans son bureau du *Nouvel Obs*, Laurent Joffrin avait affiché une lettre de son prédécesseur. Le texte

1. Alexandre Kojève, *La Notion d'autorité*, Gallimard, 2004.

datait de mai 1968, époque durant laquelle toutes les décisions devaient être prises à l'unanimité. Jean Daniel écrivait à ses journalistes une missive courroucée exigeant que l'autogestion ne fournisse aucun prétexte à ceux qui laissaient les cendriers pleins de mégots et les lieux d'aisances débordés. Le patron historique de *L'Obs* continuait à assumer son rôle. Il soulignait à sa façon que toute société qui ne reconnaît plus d'autorité tend inexorablement vers ce que de Gaulle appelait la chienlit.

Qui doit diriger et au nom de quels principes ? Cette question est grave. L'éluder, ce n'est pas faire l'ange, c'est faire la bête, c'est faire d'ailleurs bien pire.

Hobbes prétend que l'homme est un loup pour l'homme. Pourtant, s'il ignore la pitié, le loup ignore aussi la guerre, le meurtre et le viol. Le loup n'est pas un loup pour ses congénères. Chez l'être humain, les rivalités menacent de dégénérer. Aucune barrière génétique ne les contient. En tant qu'animal collectif et hiérarchisé, l'homme ne sait pas vivre sans chef. Il ne peut davantage compter sur sa nature pour désigner ses « dominants ».

Lorsque l'ordre politique s'effondre, l'espèce humaine se met en danger. L'anarchie ne correspond jamais à un équilibre, le chaos qu'elle engendre est terrifiant.

Les époques où le pouvoir se liquéfie sont sinistres. Les temps barbares débutèrent, en 410, avec le sac de Rome par Alaric. L'anarchie prendra fin avec le début du Moyen Âge, vers l'an mille. Entre les deux, le désordre régna six siècles. Ce fut le temps des invasions qui se succédèrent sans qu'aucun État se rétablisse. Les hommes ne savaient plus répondre à la question : Qui doit gouverner et au nom de quels principes ?

Ce fut alors la guerre de tous contre chacun, le brigandage et le pillage. Lorsque les paysans n'étaient pas massacrés, lorsque leur blé n'était pas mangé en herbe, l'insécurité des routes empêchait le ravitaillement des villes. En proie à la famine, l'Empire d'Occident vit sa population divisée par dix en un siècle. La faim tua à plus grande échelle que les haches. Les arts et les techniques furent perdus et l'on ne sut bientôt plus construire, ni réparer, ni même entretenir les aqueducs, les cardos, les palais et les temples. Aujourd'hui encore, Mogadiscio, Ciudad Juárez ou Port-au-Prince révèlent le prix exorbitant que les hommes doivent payer lorsque l'ordre public sombre.

Qui doit gouverner ? Ne pas répondre, c'est nécessairement répondre par la violence. Qui doit gouverner ? Cette question est la plus grave que les hommes aient à résoudre. À chaque génération, elle se pose. La nôtre a cru l'éluder en inventant le management.

CHAPITRE 2

Management *vs* Commandement

« Le commandement est un art simple et tout d'exécution. »

Napoléon BONAPARTE.

Un animal politique dénaturé

L'être humain n'est pas seulement le mammifère le plus sophistiqué, il est le seul à s'être déprogrammé. Chez les animaux, les combats entre dominants tuent rarement. Chez l'homme, la soif de pouvoir conduit à Stalingrad ou à Nagasaki. L'être humain est la seule créature à peupler des parties du globe pour lesquelles elle n'était pas conçue. Les chimpanzés ne vivent que dans des pays chauds, l'*Homo sapiens* s'est adapté à la banquise. Cette incroyable adaptation résulte de facultés cognitives hors normes et d'un langage articulé ayant permis à l'humanité de transmettre des inventions (non prévues par la sélection darwinienne) d'une génération à l'autre. L'homme est cet étrange animal qui a doublé son code génétique d'un code culturel. De l'invention de l'écriture à celle de l'immense cerveau mondial qu'est

Internet, ce processus cumulatif s'est accéléré. La politique fait partie de ces artifices.

Si toutes les sociétés, même les plus petites, si toutes les époques, même les plus reculées, possèdent une « politique », les Grecs furent les premiers à penser la chose.

La sagesse des Grecs

Aux alentours du IVe siècle avant notre ère, les Hellènes ont théorisé la politique. Cette théorie est demeurée indépassée.

Les Anciens avaient par exemple compris que la politique intègre toujours un questionnement lié à la notion du juste et de l'injuste, du vrai et du faux. Dès les premiers dialogues platoniciens, cette interrogation se révèle indissociable du maniement du verbe. L'art politique est celui d'avoir raison. Bien avant Lacan, les Athéniens avaient saisi que l'homme est pétri de sa langue, qu'il est autant constitué de chair et de sang que de mots. L'homme le plus puissant sera celui qui maniera le mieux le langage, qui rangera le plus de partisans (ou les partisans les plus déterminés) de son côté par la « meilleure raison » qu'il saura invoquer. Dans l'arène politique subsistent toujours de purs rapports de force. Toutefois, le mâle dominant humain est celui à qui ses congénères laissent le dernier mot. Ne peut-on avoir raison seul ? Sur le plan scientifique ou artistique, on a souvent raison contre la majorité. Politiquement, jamais. Contrairement à ce qu'affirmait Rousseau, la raison du plus fort n'est pas un galimatias. La raison politique est toujours celle du chef. Et le chef est toujours le plus convaincant.

Autre vérité léguée par les Grecs : toute société a besoin de délimiter un lieu géographique pour exercer le pouvoir. Contrairement à certains de nos contemporains qui rêvent d'une mondialisation ouverte aux quatre vents, les Anciens assumaient leur instinct territorial. Nos ennemis postmodernes des frontières devraient pourtant constater qu'au pied des barres HLM des bandes défendent « leur » quartier. Même privé de toute idée de patrie, l'animal humain délimite son territoire. En 400 avant Jésus-Christ, de bons esprits avaient compris que la question du pouvoir ne pouvait être tranchée que sur un espace borné.

Les Anciens appelaient « cités » les espaces sur lesquels une population avait renoncé, temporairement, à user de violence pour régler les querelles de mâles dominants. Cette fragile pacification bornée de frontières, c'est la « concorde ». Au-delà des limites de la cité, la violence reprend ses droits.

Les Grecs avaient également saisi que la diminution de la violence à son plus bas niveau forme le premier devoir politique. Préserver la paix (entre cités) et la concorde (à l'intérieur de la cité) correspond aux principales tâches du politique.

La concorde n'est possible que sur un territoire sur lequel les hommes s'accordent pour obéir, suivant certaines règles, à certains d'entre eux. Là où les hommes partagent une même vision du juste et de l'injuste, où la question du meilleur régime est résolue (et la proximité culturelle et linguistique y aide), la violence ne décide plus. La concorde présuppose que la politique (nation, empire, cité ou tribu) ait désarmé les habitants en leur donnant des moyens de régler leurs différends (la justice) et en organisant une force maintenant l'ordre public (la police). L'enjeu de la paix est autre.

Cet enjeu consiste à préserver un état de non-agression entre sociétés ne partageant pas la même définition du juste et de l'injuste. Plus les conceptions du bon gouvernement séparent les cités et plus elles risquent de se faire la guerre. À chaque génération, cette violence menace de resurgir. Selon le mot terrible de Hegel : « L'histoire est d'abord l'histoire de l'hostilité entre les hommes. » Maintenir la paix exige d'entretenir une force armée. Intérieure ou extérieure, la politique implique que les gouvernants disposent d'un pouvoir de vie et de mort. En tout temps et en tout lieu, le politique ressemble au célèbre agent secret de Sa Majesté, il est « *licensed to kill* ». Policiers et soldats peuvent donner la mort. Placée au centre d'enjeux existentiels (Qu'est-ce que le vrai, le bien et le juste, qu'est-ce qui vaut que j'expose ma vie ?), la politique est bien l'une des plus redoutables questions que les hommes aient à résoudre.

La science reine

Selon Platon, deux types de savoirs coexistent : ceux qui trouvent dans d'autres disciplines leur raison d'être et ceux qui trouvent leur fin en eux-mêmes. L'art du maréchal-ferrant, explique le disciple de Socrate, trouve sa justification dans l'art équestre. L'art équestre n'a de sens que comme moyen de transport, de loisir ou comme outil militaire (la cavalerie). En revanche, la politique puise sa justification en elle-même. Voilà pourquoi Platon avait érigé l'art de diriger les cités en « science reine ».

Cette idée que seuls l'art politique ou l'art militaire offraient aux hommes les canons du « bon gouvernement » s'est imposée jusqu'à peu. La manière de diriger s'est longtemps inspirée de ce que l'on peut appeler l'art du commandement, art porté à sa quintessence sur le forum ou le champ de bataille.

Un art simple et tout d'exécution

Le commandement est l'art de faire faire à autrui ce qu'il n'aurait pas fait si on ne lui en avait pas donné l'ordre. Cet art du commandement est universel. Il se révèle à l'état pur dans certaines sociétés préhistoriques dans lesquelles les chefs sont dépourvus de tout pouvoir coercitif. Dans certaines tribus étudiées par l'ethnologue Pierre Clastres[1], le cacique ne dispose en effet que de son prestige pour se faire obéir, prestige lié à sa fonction et à son éloquence.

Le chef militaire, par exemple, doit obtenir de ses troupes qu'elles exécutent des ordres susceptibles de leur coûter la vie. C'est pourquoi le commandement militaire a toujours été conçu comme l'une des formes de commandement les plus exigeantes.

Ceux qui n'ont pas l'expérience des armes imaginent que l'autorité militaire repose sur la peur. Ce serait en hurlant sur le soldat, en le menaçant, que l'on

1. Pierre Clastres, *La Société contre l'État. Recherches d'anthropologie politique*, Minuit, 1974.

obtiendrait qu'il obéisse. Un tel a priori est faux. Certes, les chefs militaires usent parfois de méthodes coercitives (Wellington faisait fouetter ses hommes). Mais au combat, ce n'est pas la crainte qui pousse les soldats en avant. À bien y réfléchir, de quoi menacer quelqu'un qui risque sa vie ? Un militaire qui n'attend que punitions ou brimades finira par déserter ou par trahir. Si la peur n'est pas ce qui fait marcher les troupes, l'intérêt semble davantage y parvenir.

Le guerrier obéirait à ses chefs parce que sa vie est exposée et que ses chefs sont réputés compétents. Est-ce alors par intérêt que le combattant obéit ? Dans ce cas, comment expliquer qu'un soldat consente au sacrifice suprême ? Il s'agit nécessairement d'une forme d'intérêt distincte de celle, purement individuelle, évoquée par les économistes.

Pour obéir, le soldat doit avoir confiance en son supérieur. Une telle confiance mêle étroitement un élément objectif – la croyance dans la compétence du chef – et un élément subjectif – on ne remet jamais sa vie à quelqu'un sans concevoir pour lui un attachement minimal. Ainsi, si l'on cherche à repérer ce qui, pour le soldat, compte le plus entre la peur, l'intérêt ou l'admiration, on découvre que ce dernier motif prédomine. En dépit de l'influence des circonstances, des époques et des cultures, l'art de faire « marcher » les troupes se révèle immuable et repose essentiellement sur leur admiration pour leurs officiers.

Le philosophe Jean-Claude Monod s'interroge : « Quels sont les ressorts de cette limitation du narcissisme individuel qui fait accepter de suivre avec enthousiasme un chef, jusqu'à sembler jouir de l'abandon à cette fusion dans le collectif et du renoncement, au moins apparent et momentané, à sa volonté propre ? » Freud[1] répond sans équivoque à cette question : « Nous savons, écrit le fondateur de la psychanalyse, qu'il existe dans la masse humaine le fort besoin d'une autorité que l'on puisse admirer, devant laquelle on s'incline, par laquelle on est dominé, et même éventuellement maltraité. La psychologie de l'individu nous a appris d'où vient ce besoin de la masse. C'est la nostalgie du père. » Les ressorts de l'obéissance se trouveraient ainsi dans les soubassements de l'enfance. Soit. Pourtant, la marque de l'autorité entre « adultes consentants » est de s'exercer entre égaux. Même s'il entre une dose d'inconscient, tout pouvoir repose toujours sur un consentement réversible. Freud lui-même en convient : si l'autorité du chef incorpore quelque chose du père, elle est aussi sublimation qui marque la sortie d'une loi primale, celle de l'individu immature qui ne connaît pas la loi, celle de la horde primitive qui tue le père.

Le « testament en matière de commandement », laissé par le général de Maud'huy (1857-1921), a longtemps été considéré comme un classique. Ce texte laconique dégage quatre règles cardinales en matière de commandement militaire :

– « le supérieur doit respecter la personnalité de ses subordonnés ;

– inspirer non la terreur mais la confiance ;

– commander avec le cœur et obéir d'amitié ;

– pas d'exigence inutile mais ce que nous exigeons, exigeons-le de façon absolue. »

1. Sigmund Freud, *L'Homme Moïse et la religion monothéiste*, Gallimard, 1986.

L'admiration, l'affection, le charisme, plutôt que l'intérêt ou la peur, formeraient ainsi le socle du commandement.

L'Art du commandement du général Jacques Dextraze[1] est aussi considéré comme l'un des meilleurs textes sur le sujet. Ce verbatim d'une conférence donnée en 1973 par le chef d'état-major des forces canadiennes est encore utilisé pour édifier les officiers dans de nombreux pays. Écoutons ce soldat qui s'est couvert de gloire de la Normandie au Vietnam : « Selon moi, le leadership est la clé du succès de toute opération militaire (…) et ce fut toujours le cas à travers les siècles. » Dextraze poursuit : « Le leadership, c'est l'art d'influencer les autres à faire volontairement ce qu'il y a à faire pour parvenir au but ou accomplir la mission donnée. (…) Le point que je veux faire ressortir, c'est que les principes fondamentaux de l'art du commandement et du maniement des hommes sont à la fois immuables et universels. (…) Ces règles fondamentales sont établies depuis que l'homme a découvert pour la première fois que la coopération était la clé du succès, au combat aussi bien qu'en temps de paix. » Dextraze conclut sa conférence en énonçant les quatre qualités de base qui, selon lui, conditionnent la réussite de tout chef : « loyauté, courage, compétence et intégrité ».

Si l'on confronte ces deux textes aux Mémoires et aux déclarations des grands stratèges, on ne trouve rien qui en contredise l'esprit ou la lettre. Hannibal, César, Joffre ou MacArthur n'ont rien dit, rien écrit ni surtout rien fait qui infirme ces conseils.

1. Général Jacques A. Dextraze, *L'Art du commandement, deuxième message aux forces armées canadiennes*, 1973.

Le temps de la marine à voile

À l'ère du management participatif et des délocalisations boursières, l'énoncé de ces « grands principes » sur l'art de mener les hommes ne manquera pas de susciter rejet ou haussements d'épaules. Un tel scepticisme reflète deux types de réactions. « Intégrité, courage, loyauté, cœur, amitié, respect », l'emploi de termes qui semblent extraits du manuel du parfait boy-scout fleure bon l'idéalisme naïf. « Commander, obéir, exiger absolument » : l'utilisation de ces verbes trahit un autoritarisme hors de saison. Enfantine ou inquiétante, cette manière de diriger paraît désuète. Aujourd'hui, quiconque espérerait renouer avec les « bonnes vieilles méthodes » du commandement passerait pour un doux rêveur ou un dangereux fasciste, dans tous les cas pour un nostalgique de la marine à voile et des lampes à huile. Nous avons rompu, du moins le croyons-nous, avec cet « art simple » dont parlait Bonaparte et qui avait, depuis l'aube de l'humanité, servi à manier les hommes, en temps de paix comme en temps de guerre, à l'usine comme à la caserne, dans les salles de classe comme dans les assemblées, les tribus et jusqu'à la tribune des Nations unies.

En France, la plupart des chefs d'entreprise, des hauts fonctionnaires et des cadres supérieurs, bref, presque tous ceux qui étaient investis d'un pouvoir avaient effectué leur service militaire. Jusqu'au début des années 1980, les classes dirigeantes françaises avaient appris à obéir et à commander en devenant sous-officier ou officier. Les grandes écoles envoyaient leurs élèves dans des pelotons d'officiers. En France, la plus prestigieuse école de commandement a longtemps été l'École polytechnique, qui demeure (pour combien de temps ?) une école militaire. Au Royaume-Uni, l'académie militaire de Sandhurst a été le creuset des élites britanniques. Les rejetons mâles des « *royals* » y apprennent toujours à diriger. « *Serve to lead* » (servir pour commander) : la devise de l'école est éloquente. Aux États-Unis, jusque dans les années 1960 et 1970, la majorité des P-DG des grandes firmes ou des élus au Congrès et au Sénat étaient passés par les formations de l'Army, de la Navy, de l'Air Force ou des Marines. Mettons de côté les pays du Proche-Orient, Israël et Turquie en tête, dans lesquels le poids sociologique de l'armée est tel qu'aucun chef civil n'y est nommé sans sortir de ses rangs.

Jusqu'à la fin des années 1970, l'encadrement militaire fournissait le modèle de l'encadrement en général. « Les directions du personnel – qui ne portaient pas encore le nom de "ressources humaines" –, note Franck Frommer[1], étaient, une fois sur deux, assumées par un militaire à la retraite. »

Avoir été un officier ne faisait pas nécessairement de vous un homme d'affaires prospère ou un excellent prof mais garantissait que vous aviez été convenablement exercé à vous faire obéir. Ce type de commandement paraît *has been*. Au commandement, nos contemporains préfèrent le management.

1. Franck Frommer, *La Pensée Powerpoint*, La Découverte, 2010.

Le management : un côté « Ferme des animaux »

Si le commandement vient tout droit du vocabulaire militaire et de son commandant, le management descend du vieux français « mesnage ». Au Moyen Âge, pour une femme, savoir tenir son foyer, faire la cuisine et maintenir son intérieur propre et coquet, cela s'appelait « mesnager », d'où vient l'anglais *manager*.

Le terme actuel de management possède une seconde origine, non moins éclairante. Le management vient du manège dans lequel on dresse les chevaux et où on apprend à les monter. Présentant quelque parenté avec le dressage, le management revêt un côté « Ferme des animaux ». Le commandement s'adresse exclusivement aux êtres humains.

Le management possède une troisième origine. Dans la langue de Shakespeare, « *to manage* » signifie « finasser, s'arranger, négocier ou composer ». Le français « ménager » fait écho à cette racine d'outre-Manche. On est loin de l'obéissance inconditionnelle des militaires.

Enfin, le management forme une branche de ce que l'Université appelle les « sciences de gestion », lesquelles étudient les techniques, les outils et les méthodes ayant trait à l'organisation et à l'optimisation de la production en entreprise. En ce sens, le « management » est science de l'« aménagement », de l'organisation en vue de tâches à accomplir. Manager[1] signifie alors « conduire une organisation, la diriger, planifier son

1. Raymond-Alain Thiétard, *Le Management*, PUF, « Que sais-je ? », 1986.

développement, la contrôler et ce dans tous les domaines de l'entreprise ».

Pour le sociologue Frédérik Mispelblom Beyer[1], le management est un « dispositif de direction d'entreprise, composé à la fois d'un ensemble de méthodes et de techniques ("comment organiser une réunion ?", "comment communiquer ?"), et de soubassements en matière de gestion du personnel (salaires, primes, promotions), de techniques de contrôle et d'une organisation du travail correspondante ».

Entre management et commandement, les différences sont frappantes : le commandement se veut un art, le management se prétend une science. Le commandement est fondé sur le bon sens, le management repose sur de nombreux savoirs et techniques. Cette complexité justifie que l'on se forme au management au terme de plusieurs années d'études. Là où le commandement formulait quelques principes, peu nombreux mais intangibles, renvoyant le chef à ses responsabilités et comptant sur son sens de l'initiative, le management propose un prêt à penser, à parler et à faire aux encadrants.

Par rapport au commandement, le management semble un indéniable progrès, ce que reflète son passage du statut précaire d'art à celui, plus rigoureux, de science. Le commandement relevait de l'amateurisme, le management est affaire de professionnels. Autre présupposé, le management représenterait l'avenir et le commandement incarnerait le passé. Le management paraît pallier les manques d'un commandement trop

1. Frédérik Mispelblom Beyer, *Encadrer, un métier impossible*, Armand Colin, 2010.

raide et trop naïf. Plus exigeants, mieux informés et plus lucides que leurs pères qui obéissaient au « doigt et à l'œil », nos contemporains ne supportent plus d'être commandés.

L'habit ne fait plus le chef

Ayant une trop haute opinion d'eux-mêmes pour se laisser dicter leur conduite, les individus veulent désormais comprendre les ordres, ce qui n'est pas toujours possible ni même souhaitable. Nos contemporains exigent qu'on leur explique, systématiquement et précisément, ce que l'on attend d'eux et pourquoi. Ils attendent que ce qu'un supérieur leur demande soit toujours parfaitement justifié et qu'ils puissent en vérifier le bien-fondé. Dans certaines circonstances « limites », en cas de péril immédiat, sur un bateau par exemple, on tolère encore de recevoir des ordres mais il s'agit d'exceptions.

Plus personne n'est disposé à obtempérer à un ordre susceptible de nuire à ses intérêts. Même en matière pénale (alors que cette branche du droit est destinée à punir criminels et délinquants), il est devenu admissible qu'un prévenu refuse de répondre aux questions d'un policier ou d'un juge. La législation américaine précise d'ailleurs que « tout accusé a le droit de garder le silence » en invoquant le cinquième amendement de la Constitution.

Aucun intérêt général ne force plus le respect ou l'aveu. Seul subsiste le choc d'intérêts également légitimes. Le commandement reposait sur une inégalité assumée, celle séparant le supérieur du subordonné.

Au nom de sa position hiérarchique, le premier était en droit d'attendre du second une parfaite obéissance.

L'égalitarisme total qui est le nôtre rend la « hiérarchie » à peine tolérable, en tout cas l'encadre sévèrement : dans la stricte limite de ce qui est absolument nécessaire pour assurer la sécurité, garantir la bonne marche du service, etc. Le principe de l'obéissance est devenu l'exception. Se conformer aux lois et aux règlements si l'on y est vraiment obligé, admettons ; en respecter l'esprit, il n'en est plus question.

L'habit ne fait plus le chef. Les uniformes, remarque Régis Debray[1], ont disparu du quotidien. Pour se faire obéir, les policiers ne peuvent plus invoquer le képi, ni les prêtres la chasuble. Et puisque notre vie se retrouve entre leurs mains, les médecins doivent en permanence justifier leurs actes. On ne délivre plus à personne de chèque en blanc, surtout pas aux blouses blanches.

Derrière le médecin, on perçoit désormais l'individu faillible (« il peut se tromper »), dont les intérêts peuvent diverger des nôtres (« s'il me prescrit une opération, n'est-ce pas qu'il veut gagner de l'argent ? »). Nous sommes entrés dans l'ère du soupçon.

Le management correspond aux évolutions psychologiques et idéologiques de la postmodernité, telles qu'elles ont été disséquées par Marcel Gauchet[2] ou par Gilles Lipovetsky[3].

Plus respectueux de l'individu, moins autoritaire, plus participatif, le management, contrairement au

1. « Qu'est-ce qu'un chef ? », *Revue Médium*, n° 12, juillet 2007.
2. Marcel Gauchet, *La Démocratie contre elle-même,* Gallimard, 2002.
3. Gilles Lipovetsky, *Le Crépuscule du devoir*, Gallimard, « Folio », 2000.

commandement, est compatible avec l'hédonisme libertaire et le néo-individualisme actuels.

Comme le note Jean-Claude Monod[1], « cette mutation du capitalisme a conduit à intégrer une part de la “critique artiste” des années 1960, soit la critique des dispositifs disciplinaires et hiérarchiques au profit d'une valorisation de la créativité et du désir d'autonomie de chacun, qui deviendrait à la fois “l'entrepreneur de lui-même” et un quasi-artiste au service de son entreprise ».

Le management paraît aussi mieux renseigné et moins naïf. Là où le commandement reposait sur une confiance partagée entre dirigeant et dirigé, le management ne croit qu'à ce qu'il voit et à ce qu'il mesure.

Plus rationnel, le management est le fruit, non d'une sagesse ancestrale, mais d'une analyse froide. Le management, c'est du sérieux, à côté le commandement faisait bricolage. Compte tenu de l'emploi de technologies sophistiquées et d'une concurrence globale âpre, se fier à une recette de grand-mère telle que le commandement semble déraisonnable.

Tout ceci semble trop complexe pour se satisfaire d'un mode de commandement binaire, national et uniforme. Seules les sciences managériales paraissent à la hauteur des défis du XXIe siècle. Danièle Lienhart[2] range le « management » aux côtés du développement des nouvelles technologies, du décloisonnement des services et de la réduction des lignes hiérarchiques en tant que bouleversements majeurs de l'organisation des entreprises. Cette sociologue constate que le

1. Jean-Claude Monod, *Qu'est-ce qu'un chef en démocratie ?*, *op. cit.*
2. Danièle Lienhart, *Travailler sans les autres*, Seuil, 2000.

« management » introduit « de l'homogénéité au cœur de l'entreprise en agissant sur les démarches de rationalisation des données, des références, des nomenclatures et d'harmonisation des approches, des langages, des sensibilités ».

Le management uniformise. Pour beaucoup, cette standardisation prouve que des méthodes efficaces ont été mises au point. C'est pourquoi elles sont appliquées partout. L'universalité du management attesterait de sa véracité tandis que l'intangibilité du commandement prouverait son simplisme.

Le management est d'abord une approche civile et économique de l'encadrement lorsque le commandement offrait un archétype militaire et politique. En rupture avec des millénaires de tradition, notre époque pense que les méthodes de direction des entreprises doivent s'imposer aux casernes comme aux cités.

Remeubler Versailles en Ikea

Comme le révèle Naomi Klein[1], une réunion cruciale aurait dû se tenir au Pentagone, le 11 septembre 2001. Provoqué par le secrétaire d'État à la Défense, ce meeting devait réunir les plus hauts gradés américains. Le ministre Donald Russell devait informer généraux et amiraux que, dorénavant, le gouvernement considérait la défense nationale comme une entreprise comme les autres. Washington s'apprêtait à soumettre la totalité de l'appareil militaire aux méthodes ayant fait leurs preuves dans le privé. Il s'agissait d'appliquer le style

1. Naomi Klein, *La Stratégie du choc,* Actes Sud, 2008.

de fonctionnement d'une épicerie à la première armée du monde. Transformer les forces armées d'un pays en une vaste boutique où des managers recensent, contrôlent et calculent en se posant les « bonnes » questions (combien cela coûte ? combien cela rapporte ?). Les kamikazes de Ben Laden annulèrent la réunion à la dernière minute. Mais l'état-major US, comme celui de nombreux pays, avait déjà commencé à mettre en œuvre cet étrange programme.

Le 5 février 2003, pour justifier l'emploi de la force en Irak, Colin Powell s'appuya sur une présentation Powerpoint. Le chef de la diplomatie américaine transforma ainsi son plaidoyer devant le Conseil de sécurité en vulgaire démonstration marketing.

La seconde guerre en Irak offrira le spectacle d'armées américano-britanniques dont de multiples services furent confiés à des sociétés privées. Napoléon avait inventé les régiments du train ou des sapeurs afin de « militariser » la logistique. George W. Bush confiera à des entreprises d'authentiques actions de guerre. Les observateurs n'y ont pas suffisamment prêté attention mais, lors de la seconde guerre de Mésopotamie, la première force armée déployée sur le terrain n'avait ni drapeau ni nationalité. Elle était constituée de mercenaires privés. Plus les combats furent difficiles et plus le Pentagone fit appel à ces condottieri modernes que sont Black Waters et autres Executive Outcomes. Or, ce qui justifiait le commandement, c'était précisément le risque vital couru par les soldats. Apparemment, aujourd'hui, plus les combattants s'exposent et plus il semble pertinent de les remplacer par des professionnels managés.

Parce qu'elle était gardienne du commandement, l'armée fut l'une des dernières institutions à résister aux sirènes du management. Elle a fini par céder. Feuilletons un rapport[1] consacré à l'importation des méthodes managériales dans l'armée française : « Contrôle de gestion, processus de qualité totale, etc. On va jusqu'à voir certains responsables militaires suggérer l'introduction d'une technique d'évaluation des officiers bien particulière, dite à 360 degrés, qui fait déjà partie des outils du management en entreprise. Cette méthode de notation consiste principalement à prendre en compte le jugement des subordonnés qui ont une relation de travail avec la personne évaluée. Un tel outil devrait permettre de mesurer la productivité et l'efficacité des officiers (recherche de performance) ainsi que la nature des relations sociales et des styles de commandement. Cela reviendrait, *in fine*, à promouvoir des qualités de communication, de dialogue entre les individus, c'est-à-dire toute une série de compétences supposées déterminer la performance des individus ainsi que leur degré d'implication. »

Pendant plusieurs décennies, sous toutes les latitudes, le discours dominant préconisa la libéralisation à tout crin. Partout sur terre, les administrations ainsi que toutes les institutions non lucratives ont dû importer les méthodes du privé.

Aucune activité n'échappe à cette logique managériale. On nous incite à « gérer » nos amis, nos enfants, nos amours et, pour finir, nos vies.

---

1. Carlos Da Silva, Gaëtan Flocco, Stéphanie Gallioz, Delphine Marques, « Les transformations de l'encadrement militaire : vers une mitigation du commandement et ses conséquences », étude réalisée sous la direction de Frédérik Mispelblom Beyer, Centre de recherche de l'École des officiers de la gendarmerie nationale, 2005.

Jusqu'à peu subsistait une exception à cette loi de la soumission universelle aux modes managériales. Cette exception semblait confirmer l'adage romain suivant lequel « *cedant arma togae* », le pouvoir militaire doit obéir au pouvoir civil. Si les généraux étaient priés de s'inspirer des multinationales, les ministres n'avaient pas encore osé le faire.

Si l'armée a de tout temps offert le modèle « technique » du commandement, le vrai pouvoir, le seul pouvoir, le plus légitime et le modèle de tous les autres demeurait le pouvoir politique.

Les micro-enjeux de pouvoir se retrouvent partout, pas seulement au sommet de l'État ou dans les conseils d'administration mais dans les clubs de pétanque, les synagogues, les bureaux de poste ou les cours de récré. Cependant les Grecs avaient compris que la politique avec un petit *p* dépendait toujours de la Politique avec un grand *P*. La politique avait toujours et partout surplombé la société. Dans presque toutes les langues, pouvoir et politique sont synonymes. Dans le vocabulaire de l'entreprise, est réputé « politique » tout ce qui relève d'un fonctionnement non professionnel, aberrant, dans lequel des luttes de pouvoir ou des considérations personnelles interfèrent. Ouvrant *Le Monde*[1], le lecteur postmoderne apprit un beau matin que le président de la République française venait de décider que chaque ministre du gouvernement se verrait remettre « une fiche d'évaluation de l'action menée depuis six mois. Chaque fiche comporte trente critères d'évaluation. Des critères mis au point par le cabinet de consultants

1. Christophe Jakubyszyn, « M. Fillon évalue ses ministres avec des consultants privés », *Le Monde*, 3 janvier 2008.

en stratégie Mars and Co. Chaque maroquin a droit à ses propres critères chiffrés. Cela va du nombre d'heures supplémentaires réalisées par les enseignants pour le ministre de l'Éducation (…) à l'évolution du piratage des fichiers audio et vidéo pour la ministre de la Culture (…), en passant par le nombre de ministres présents à Bruxelles pendant les Conseils des ministres européens pour le patron du Quai d'Orsay ». Signes avant-coureurs, quelques années plus tôt, l'UMP avait confié au cabinet Boston Consulting Group le soin de corédiger son programme législatif. La loi de la cité confiée aux marchands. Le site rue89[1] rappelle que la soumission du politique à une logique importée du management de mesures d'objectifs chiffrées existe depuis plusieurs décennies aux États-Unis, pays dans lequel « l'évaluation va jusqu'à afficher la notation de chaque type de programmes. De 0 à 100, avec quatre niveaux d'appréciation. (…) Depuis février 2006, le site Expectmore.gov est spécifiquement dédié à cette tâche. Chaque année, les principales politiques publiques fédérales sont notées ».

Un matin, les empereurs païens s'étaient convertis au christianisme. En ce début de deuxième millénaire, les chefs d'État se sont transformés en managers. Cette invasion du management a débuté il y a plus de trente ans dans les multinationales. Le modèle s'est ensuite diffusé à tout le secteur privé avant de contaminer les activités non marchandes et les administrations, et cela jusqu'à altérer le commandement au sommet de l'État. La boucle était ainsi bouclée. Au terme de ce proces-

1. David Servenay, « Sarkozy veut un carnet de notes pour ses ministres », rue89, 3 janvier 2008.

sus, la science reine, chère au philosophe grec, a été transformée par l'économie en vulgaire femme de ménage, tout juste bonne à nettoyer les dégâts sociaux ou géopolitiques causés par les vrais puissants de l'heure, les managers des grandes entreprises. Tentons, à présent, de comprendre les raisons de leur triomphe.

CHAPITRE 3

Le grand dé-management

« Derrière tout modèle, il y a une opinion. »

Paul SAMUELSON,
Prix Nobel d'économie.

Au lendemain de la chute de l'URSS, aux quatre coins du globe, le management a remplacé le commandement. Vingt ans plus tôt, la vague managériale était partie des États-Unis, sa patrie d'origine. Chez EDF, une note confidentielle[1] évoque d'ailleurs une « révolution managériale » avec la mise en place d'un nouveau style d'autorité par objectifs, par la qualité et par la performance, notamment financière. Diriger des individus et non des collectivités, rechercher la rentabilité au nom de l'actionnaire, se défier de ses employés et les regarder comme des rats de laboratoire que l'on peut soumettre à des stimuli, voilà quelques-unes des rup-

1. A. Colas, Activités facteurs humains au sein de l'exploitation du parc nucléaire (EPN). Approche des FH : qualités, professionnalisme, sûreté, rapport confidentiel présenté en comité de direction CD/MCP & EPN les 22 et 28 févier 1994, document cité par Jean-Philippe Desbordes, in *Management Circus*, Actes Sud, 2012.

tures inaugurées par cette révolution. Ce modèle qui s'est répandu après l'éboulement du communisme ne s'est pas constitué du jour au lendemain. Il résulte de la sédimentation de plusieurs strates. Ce n'est que lorsque ces divers éléments, au départ distincts, se sont combinés et que les conditions historiques et politiques ont été réunies que l'épidémie managériale a gagné toute la planète.

En quoi consiste ce modèle ? Comment et par qui a-t-il été élaboré ? Comment s'est-il diffusé ? Menons l'enquête.

La caution scientifique

Le management repose sur ce que l'on enseigne, dans les *business schools*, sous le nom de « sciences de gestion ».

Leurs principales composantes sont le management, le marketing, la logistique, les ressources humaines, la stratégie, la comptabilité, la finance et le contrôle de gestion. Quant au management à proprement parler, c'est à la fois le tout et la partie. Le management correspond à une partie qui étudie la direction d'entreprise et forme le cœur des sciences de gestion. Un manager moderne étant censé diriger en combinant méthodiquement ces différents outils.

Marketing, contrôle de gestion, etc. correspondent également aux diverses techniques utilisées par les entreprises. Dans les grandes firmes, l'organisation peut aussi s'appuyer sur ces différents savoir-faire (direction du marketing, service financier, etc.).

Enfin, les filières d'études en école de commerce coïncident avec ces sous-disciplines. À Harvard ou à

HEC, on peut ainsi se spécialiser en logistique ou en ressources humaines.

Nul ne songe à contester les apports de la logistique, du marketing, de la comptabilité ou de toute autre branche de la gestion.

Pris isolément, ces outils se révèlent pertinents, voire excellents. Ce ne sont pas les techniques qui posent problème, c'est leur combinaison en un modèle systématique ainsi que leur application bornée.

C'est la constitution de ce que l'on peut appeler un « paradigme managérial » qu'il faut interroger. Ce paradigme a émergé et s'est durci au fur et à mesure que les sciences de gestion prenaient leur autonomie.

Auparavant, la gestion formait une branche de l'économie ou de la sociologie. Née au début du XXe siècle, cette discipline est autonome depuis peu. Sa scission s'est précipitée dans les années 1980, aboutissant à la solidification du modèle et à sa diffusion dans la décennie suivante.

Qui veut saisir la manière dont les sciences de gestion se sont constituées et imposées doit dépasser leur unité de façade. En procédant à la manière du chimiste, en décomposant les éléments à l'origine des sciences managériales, on repère trois sources intellectuelles majeures qui, sous l'influence de divers facteurs, ont conflué. Remontons chacune de ces sources.

Fayol, le père fondateur

Des trois matrices dont est sorti le management, la première est la branche organisationnelle. Elle est à l'origine de la prétention scientifique du management.

Observer et mesurer la coopération d'une équipe pour améliorer son rendement, telle est l'idée d'Henry Fayol. Nous sommes à la fin du XIXe siècle. Ce diplômé de l'École des mines n'a pas 30 ans lorsqu'il prend la tête de mines de charbon. L'homme d'affaires précoce devient un businessman prodige. À la fin d'une carrière réussie, il réunit ses observations dans un ouvrage intitulé *L'Administration industrielle et générale*[1], publié en 1916. L'auteur y explique que ses prouesses sont dues à la mise en œuvre de quelques règles transposables n'importe où. Les sciences de gestion sont presque nées.

Le Français est à l'origine de ce que l'on appelle l'école classique des organisations, qui s'efforce de dégager des principes généraux de direction.

Fayol rassemble les activités de l'entreprise en deux groupes. Le premier groupe dit « créateur de ressources » rassemble la technique, la finance, la commercialisation. Le second groupe, présenté comme « conservateur des moyens de l'entreprise », comprend la comptabilité, la sécurité et l'administration. Fayol insiste sur le rôle crucial et, selon lui, minoré de la fonction administrative. Pour lui, administrer, c'est répondre à cinq impératifs qui sont : « prévoir, organiser, commander, coordonner et contrôler ».

Les universités américaines n'ont rien inventé. Ce que nous importons d'outre-Atlantique, ouvrages compris, dans nos cursus de management, est né du côté de Saint-Étienne.

Ce que l'on enseigne, par exemple à HEC sous le nom de roue de Deming ou de méthode « PDCA » (« P » comme « *plan* » ou « planifier » ; « D » comme « *do* » ou

1. Henry Fayol, *Administration industrielle et générale*, Dunod, 1999.

« faire » ; « C » comme « *check* » ou « contrôler » et « A » comme « *adjust* » ou « améliorer ») est la transcription des principes dégagés par Fayol.

Chez Fayol, le commandement n'avait pas disparu. Un demi-siècle plus tard, le statisticien américain William Edward Deming supprimera carrément le terme. Fayol, lui, était loin d'avoir rompu avec l'art du bon gouvernement. L'inventeur du management insistait par exemple sur le rôle de liant que doit jouer l'autorité « dont la responsabilité est la contrepartie ». Le Stéphanois restait attentif au souci de concilier respect de la hiérarchie et rapidité d'exécution. Fayol était aussi persuadé de l'absolue nécessité de l'unité de commandement (« un seul chef pour chaque employé »). Enfin, l'ingénieur français accordait une grande importance au comportement humain, en analysant l'entreprise comme un groupe social. Il admettait que, dans certaines limites, les subordonnés fassent preuve d'initiative.

Avec Fayol, le commandement cessait d'être la clé de voûte de la direction. Il devenait une technique parmi d'autres. Le commandement dégénérait en sous-discipline de l'administration. Étymologiquement, administration vient du latin *minister* qui dérive de *minus* qui signifie « inférieur » ou « subordonné ». Fayol l'ignorait-il ? Son expérience personnelle n'est peut-être pas étrangère à l'attention excessive qu'il portait à l'administration. En 1888, l'ingénieur est devenu directeur général de la compagnie charbonnière de Commentry-Fourchambault-Decazeville, une société fâcheusement désorganisée. De plus, sa formation le prédisposait à une résolution analytique des problèmes.

Rien d'étonnant donc à ce que Fayol ait conçu que diriger était affaire de techniciens.

Prévoir, organiser, coordonner et contrôler, bref gérer et administrer sont des activités indispensables dont tout patron doit s'acquitter avec rigueur. Mais que l'on soit ministre, chef d'état-major ou responsable d'une chaîne de restauration rapide, diriger ne saurait se résumer à « prévoir, organiser, coordonner et contrôler ». Gérer et administrer doivent rester des fonctions subalternes, exactement comme le bras doit l'être par rapport au cerveau. Même en entreprise, l'administration et les administratifs ne doivent pas commander. Surtout pas ! Nous y reviendrons. Pour l'heure, tâchons de repérer les coordonnées de cette erreur caractéristique du management qui réduit la direction à une expertise.

Taylor et la seule manière de diriger

Observer la production pour l'améliorer, c'est ce que préconise un autre ingénieur du début du XXe siècle, américain celui-là. Il s'appelle Frederick Winslow Taylor et il va inventer « l'organisation scientifique du travail ». Cette méthode repose sur la décomposition des tâches, leur chronométrage et leur combinaison optimale. Dans son ouvrage sur la coupe des aciers, Taylor montre qu'en choisissant l'inclinaison de leurs outils et la vitesse de coupe les ouvriers se fondent sur leur expérience personnelle. Mais rien ne prouve que leurs choix soient les bons. Selon lui, la détermination du meilleur angle et celle de la vitesse idéale des machines fait intervenir une douzaine de paramètres dont l'influence interagit. Dès lors, deux conclusions s'imposent. La première, c'est qu'il n'y a qu'une seule solution pour couper le métal et que celle-ci résulte d'un calcul précis. La seconde, c'est qu'un ouvrier ne saurait déterminer seul la solution optimale. Cette tâche doit être confiée à un ingénieur qui possède le bagage théorique requis. Une fois le calcul effectué et la procédure déterminée, celle-ci doit être consignée sur une fiche d'instruction. L'ouvrier n'a qu'à appliquer ce qui est noté sur la fiche. Le concepteur de l'organisation scientifique du travail invitait d'ailleurs ses ouvriers à ne pas réfléchir : « Vous n'êtes pas dans cette usine pour penser, disait-il, d'autres sont payés pour cela. » Taylor n'hésitait pas à les comparer à des « gorilles apprivoisés ». Le mépris des managers pour leurs collaborateurs s'enracine dans cette pensée taylorienne même si, de nos jours, les managers ont appris à dissimuler la piètre estime dans laquelle ils tiennent leurs subordonnés.

Taylor considère que les employés ne sont motivés que par l'argent. Leur conduite spontanée, explique l'Américain, c'est la paresse et le moindre effort, ce qu'il appelle la « flânerie systématique ». À l'origine du management, on tombe sur la négation de la confiance pourtant consubstantielle au commandement. Pour les managers qui continuent à s'inspirer de Taylor, seul la carotte (la prime) et le bâton (la porte) fonctionnent.

Taylor et Fayol ont conçu des principes qui forment le noyau dur du management. L'obsession managériale de la mesure, par exemple, est due à nos deux ingénieurs. La manie des procédures fait partie de la panoplie du parfait gestionnaire qu'ils nous ont léguée.

Dès le départ, le management s'efforce de répondre aux besoins de patrons qui veulent améliorer leur production. Ce « fonctionnalisme » reste la marque de fabrique des sciences de gestion qui, aujourd'hui encore, font de l'entreprise une fin en soi. Ce côté « art pour l'art » des sciences managériales, entre soi et pour soi, dans l'intérêt du patronat, vient également des origines.

Taylor nous a légué une autre idée pernicieuse, celle suivant laquelle il n'existerait qu'une seule manière de diriger. Ce que l'ingénieur américain a baptisé « *the one best way* », l'unique façon de faire. Une fois la situation analysée, l'ensemble des paramètres pris en compte, pour Taylor, on débouche sur un seul et unique « *process* », comme aiment à l'appeler les managers. Tout imprévu est supprimé. Avec Taylor, diriger, c'est calculer. C'est une vision juste si l'on considère l'examen d'un problème technique tel que comment produire, à paramètres constants, le maximum de pièces en un minimum de temps ? S'agissant de diriger des êtres humains qui ne sont pas plus des machines que celui qui est chargé de les diriger, croire qu'il existe une manière scientifique de diriger (la fameuse « *one best way* ») est saugrenu. Il n'empêche, une telle idée est fondatrice du management.

Ford mettra en pratique les théories de Taylor en y ajoutant un élément essentiel. Pour produire sa célèbre Ford T, l'entrepreneur de Detroit versera quatre fois le salaire minimum aux ouvriers de l'époque.

Ford partait du principe que les intérêts des salariés et ceux des capitalistes devaient converger : de bons salaires garantissant l'écoulement de la production et la motivation de la main-d'œuvre. Hiérarchie, obéissance, protection, motivation. En un mot, Ford commandait.

Le fordisme était un modèle autoritaire, paternaliste, qui croyait à un bien commun unissant capitaliste et travailleur. Nous étions loin du management actuel.

La parenthèse enchantée d'un capitalisme rendu plus intelligent et plus productif par l'application du keynésianisme étant désormais refermée, nos managers renouent avec Taylor.

Mai 68, Ohno et les NTIC

Entre la fin des années 1960 et le début des années 1990, trois chocs extérieurs vont transformer ce management originel, inspiré des sciences de l'ingénieur, en renversant notamment la notion de hiérarchie.

Le premier facteur, au départ hostile à l'entreprise, c'est le mouvement contestataire qui culmine en mai 1968. Cette vague où se mêlent individualisme, hédonisme et gauchisme heurte de front l'usine taylorienne. Jusqu'ici, les salariés étaient soumis à l'autorité de patrons pratiquant le pacte fordiste. Un pacte qui formait le contrat social implicite des Trente Glorieuses et que l'on pouvait résumer ainsi : « échange obéissance contre protection ». Dans la région de Clermont-Ferrand, la famille Michelin illustra longtemps ce marché « donnant, donnant ». À l'usine, les ordres sont les ordres mais la paye est bonne et l'emploi assuré. En remerciement de bons et loyaux services mais aussi pour s'attacher une main-d'œuvre dévouée, M. Michelin construisait des maisons, ouvrait des écoles, traçait des routes et dotait les mariés.

La mentalité propagée par 1968 condamne les petits chefs et les ordres aboyés par des contremaîtres que les étudiants assimilent à des kapos du capital. L'esprit de mai dénonce un paternalisme qui toise le monde ouvrier. « La transformation managériale des années 1980, héritant des mouvements contestataires des années 1960-1970 ou les “récupérant”, a mis en cause les relations autoritaires et le poids de la discipline dans les entreprises (...) », note Jean-Claude Monod[1]. Quelques décennies plus tard, la charte d'une entreprise comme Audi reflète le triomphe de cette éthique personnelle qui voit « le bien dans l'acte d'une vie en accord avec elle-même, davantage que dans un objectif vertueux s'imposant du dehors... elle n'a rien à faire des normes et des discours, ignore le devoir et se confond avec ce que l'on fait de soi ».

Les chocs pétroliers et les grèves qui émaillent la décennie 1970 achèvent de liquider ce qui reste du pacte fordiste démonétisé par l'antiautoritarisme de mai. Le partage de la valeur ajoutée devient trop favorable au salaire, l'investissement n'est plus rentable. Les usines fordistes, dont celles de la marque éponyme, tournent au ralenti et licencient.

L'arrivée, dans les années 1980, d'une concurrence brutale venue d'Asie, Japon et Corée en tête, créé un deuxième choc qui transforme le management. Lorsque le consommateur américain réalise que, pour la moitié du prix d'une Ford, il peut s'offrir une Honda plus belle, plus confortable et plus fiable, l'industrie de Detroit tremble sur ses bases.

1. *Qu'est-ce qu'un chef en démocratie ?*, *op. cit.*

Dans l'archipel, des ingénieurs en blouse blanche, mutiques et souriants, raie sur le côté et impeccablement gominés, ont mis au point une technique révolutionnaire. Celle-ci mixe culte fanatique de la perfection (le zéro défaut), conception du devoir poussée à l'extrême (le salarié doit exécuter son travail avec le même sens de l'honneur que le samouraï) et décloisonnement de la hiérarchie. L'ouvrier a désormais voix au chapitre. Le résultat de cette combinaison détonante est une production en flux tendus, sans stocks, que l'on appelle aussi *Lean management.*

L'ingénieur Taiichi Ohno conçoit cette nouvelle méthode de direction, ultra performante, dans les usines Toyota.

Les hiérarchies s'estompent mais les responsabilités se renforcent. Il n'y a plus les donneurs d'ordres d'un côté et les exécutants de l'autre. Dorénavant, du haut en bas de l'échelle, tous les employés répondent de la qualité, voire de la perfection de ce qu'ils produisent. La transposition du toyotisme dans les usines occidentales place le client et la qualité au centre des préoccupations. L'antique subordination est remplacée par un esprit de coopération et une recherche du consensus. Le *Lean management* tend à faire de chaque travailleur un partenaire, en lui demandant son avis plutôt qu'en lui intimant des ordres. Le commandement taylorien devient *has been.* Toute une littérature vante les mérites de ce système, réputé plus souple, plus intelligent et compatible avec l'individualisme hérité de Mai 68.

Cette documentation omet de préciser qu'au Japon le flux tendu n'a jamais estompé la hiérarchie.

Dans la culture nippone immanente et non transcendante, haut et bas, yin et yang, vrai et faux ne s'opposent pas, le réel est un continuum réconciliant les contraires. Dans l'archipel, un surmoi culturel puissant, une pression sociale irrésistible poussent chacun à intérioriser les ordres. Toyotisme ou pas, le patron nippon n'a jamais cessé de commander. Même responsabilisé, le *salaryman* n'est pas devenu l'égal de son chef. La culture de la firme rappelle le lien du vassal à son suzerain, évoquant l'éternelle figure d'un commandement protecteur. Ceci à quelques nuances près. Le commandement japonais n'est, par exemple, nullement obligé par les valeurs judéo-chrétiennes de charité. Au pays du Soleil-Levant, de grandes firmes dans lesquelles des salariés déroulent leur carrière à vie n'excluent pas l'exploitation d'une sous-traitance misérable, corvéable à merci.

La théorie managériale a surtout insisté sur l'émancipation du travailleur occidental grâce à l'application des méthodes nippones de management. Le toyotisme annonçait la fin de la chaîne qui abrutissait l'ouvrier, morcelait son travail et le rendait inintéressant.

Grâce à l'importation du management par « projet » ou par la « qualité », de simples employés allaient être investis d'un rôle valorisant. Les ingénieurs autistes se transformeraient en consultants attentifs. La révolution numérique allait de toute façon remettre les pendules de l'autorité à l'heure nouvelle de l'implication totale.

La diffusion des nouvelles technologies de l'information et de la communication est le troisième facteur ayant contribué au triomphe du management.

Historiens et économistes considèrent la révolution du silicium, celle du circuit imprimé et de l'ordinateur, comme une révolution industrielle. En réalité, cette rupture fut plus radicale que ne le furent les précédentes qui étaient fondées sur la mise en œuvre de sources d'énergie (vapeur, charbon, électricité puis pétrole). Avec l'informatique[1], nous ne disposons plus d'une prothèse musculaire (usines, avions, voitures, etc.) mais d'un prolongement de notre cerveau. L'ordinateur ne pense pas mais calcule plus vite. L'invasion des usines et des bureaux par des systèmes d'information toujours plus puissants et moins coûteux a transformé la manière de diriger. Des procédures plus précises sont non seulement appliquées mais améliorées en temps réel. L'informatisation du commandement est profondément ambivalente : d'un côté, elle dissout l'autorité et, de l'autre, elle la durcit. Le durcissement est surtout patent en matière de définition de procédures et de contrôle du travail. L'obsession du contrôle et la manie de la mesure trouvent, dans les ordinateurs, de précieux auxiliaires.

« L'ordre industriel, analysent Nicole Aubert et Vincent de Gaulejac[2], avait mis en place un fonctionnement reposant sur des ordres, sur un cadre précis, sur des limites de temps et d'espace, sur la sanction (…) la surveillance était physique. Le désir était réprimé par un surmoi sévère et vigilant. La surveillance n'est plus physique mais communicationnelle. Elle devient ininterrompue (badges, portables, ordinateurs, bips, etc.). » Le cadre imposé par le commandement éclate. Le chef est partout, il n'est nulle part. Il n'y a plus besoin de chef. Grâce aux systèmes d'information, la relation d'autorité

1. La génétique est également de l'informatique car elle s'appuie sur une puissance de calcul permettant de décrypter l'information codée au cœur du vivant.

2. Nicole Aubert et Vincent de Gaulejac, *L'Idéologie gestionnaire*, Seuil, 2002.

se déshumanise. Contrôle et mesures deviennent moins l'affaire des chefs que la fonction de logiciels.

Les pièces de notre puzzle se mettent en place. Mentalité hédoniste rétive aux ordres ; toyotisme atténuant les hiérarchies ; révolution des NTIC renforçant mais aussi dépersonnalisant le contrôle, ces trois chocs bouleversent les techniques mises au point par les ingénieurs du siècle dernier et modèlent le management contemporain. À présent que le manager sait comment produire, il lui reste à savoir pour qui et dans quel but.

Friedman en DRH global

Les économistes néoclassiques vont lui répondre. La seconde matrice dont sort le management relie la gestion à un courant de la science économique.

La théorie néoclassique postule que toute société se réduit à l'agrégation d'individus rationnels, cherchant à « optimiser leur satisfaction ». L'homme serait un calculateur ne perdant jamais une occasion de servir ses intérêts. Inspirés par cette école de pensée, les managers réduisent les collectivités qu'ils dirigent aux individus qui les composent. Pour ces partisans du libre marché, l'intérêt général serait donc un écran de fumée. Pour la théorie dite des choix publics, par exemple, l'État est un outil que s'approprient sans vergogne une poignée d'égoïstes. Pour James Buchanan[1], hauts fonctionnaires et élus s'abritent derrière le prétexte du bien commun pour défendre une « pyramide de privilèges ».

1. James Buchanan, *The Reasons of Rules, Constitutional Political Economy*, Cambridge University Press, 2008.

Mû par son intérêt, tout dirigeant sait qu'il en va de même pour ses subordonnés. Pour faire ce qu'ils ont à faire, la base comme le sommet doivent y être contraints ou incités. Procédures, mesures et systèmes individualisés de récompenses ou de sanctions déployés par le management actuel sont donc en phase avec l'économie néoclassique.

Les théoriciens du libéralisme démontrent que les marchés s'équilibrent si toutes les activités sont confiées à des entreprises privées. Ces firmes se fondent sur des libres marchés qui leur indiquent, à tout instant, quelle quantité produire pour gagner le maximum d'argent et tirer le meilleur parti des ressources disponibles.

En se basant sur le marché du travail, le chef d'entreprise sait quelle quantité de travail employer et à quel prix. Il ne payera pas ses employés en dessous du salaire d'équilibre (ses employés partiraient s'embaucher ailleurs), ni au-dessus (ses salariés se seraient contentés d'une moindre rémunération). Tant qu'il gagne de l'argent en employant un collaborateur supplémentaire, le manager embauche et il licencie juste avant d'en perdre.

Le prix d'équilibre sur le marché financier (le taux d'intérêt) révèle au manager quel profit réinvestir : tant qu'un euro supplémentaire placé dans sa société lui rapporte plus qu'un euro placé sur les marchés financiers (ce que reflète le taux d'intérêt), le chef d'entreprise investit. Il s'arrêtera pile à ce seuil. L'entreprise n'est plus une collectivité qui répond à des besoins sociaux, en innovant par exemple. Elle devient pure machine à sous.

D'après la théorie néoclassique, tout ce qui n'est pas réinvesti ou redistribué sous forme de salaires (ces deux volumes étant strictement réglés par les marchés) doit être rendu aux actionnaires. La seule finalité de l'entreprise consiste à dégager le maximum de profits. Pour les libéraux, l'entreprise la plus performante sera celle qui assurera à ses propriétaires le meilleur retour sur investissement (ROI). L'unique but d'un manager consiste à maximiser les gains de ses actionnaires. Pour y parvenir, le pouvoir doit leur être remis. C'est ce que la doxa managériale appelle la « *corporate gouvernance* ».

À l'origine, les marchés financiers étaient comme des moyens d'alimenter les entreprises en argent frais, des lubrifiants de l'économie, bref, des moyens. Mais à mesure que l'idéologie néoclassique s'est répandue, les marchés financiers sont devenus des fins en soi. L'activité réelle de l'économie allait ainsi être mise au service des « marchés ». À présent, ces marchés sont devenus des puissances d'autant plus impérieuses qu'elles demeurent incompréhensibles au commun des mortels. Dieux ombrageux, les marchés exigent qu'on leur immole toujours plus de chômeurs pour les repaître ! Pourtant, derrière les marchés financiers, il y a des spéculateurs. En français d'avant l'avènement du management, plutôt que de « marchés », on aurait parlé de rentiers.

Au XIXe siècle, la société anonyme avait été inventée pour mettre l'argent au service de la production. Si les entreprises faisaient faillite, les nantis pouvaient perdre leurs économies. Désormais, c'est la production qui est « mise au service » de la rente. Doux euphémisme. Grâce à la « *corporate gouvernance* », les entreprises sont plutôt mises en coupe réglée. Les fameux « marchés » exigent que cet argent fasse des petits, beaucoup, vite et de la manière la moins risquée possible. Le paradigme managérial organise la production pour satisfaire ce désir d'enrichissement sans cause.

Ne croyant qu'à l'intérêt individuel, les néoclassiques transforment les patrons en actionnaires afin que les intérêts des seconds se confondent avec ceux des premiers. Voilà pourquoi le manager est de plus en plus payé par intéressement, bonus, stock-options, etc. Plus sa position sera élevée dans la hiérarchie et moins la part fixe de sa rémunération sera importante. Un top manager tend à devenir un actionnaire comme un autre.

Les yeux rivés sur les marchés financiers, notre manager recherche uniquement le cours le plus élevé et le dividende le plus gras. Tout le reste (fabriquer les meilleurs produits, innover, protéger ses employés, se montrer juste, ne pas se dédire) est rangé dans le placard à accessoires, voire passé par-dessus bord ! L'intérêt des managers devient ainsi distinct voire antagoniste de celui des collaborateurs.

La mentalité 1968 complète ce tableau en déculpabilisant les dirigeants qui peuvent désormais s'enrichir sans limites et jouir sans entrave. En soutenant que le nouveau paradigme était mathématiquement démontrable, le courant néoclassique a apporté une formidable caution scientifique à ce grand « démanagement ». À partir de la décennie 1980, les entreprises se mettent à comprimer les salaires et à licencier. Subissant l'influence des méthodes asiatiques de production et contraintes par des effectifs réduits, les multinationales visent, d'après Jean-Pierre Le Goff[1] :

1. J.-P. Le Goff, *Le Mythe de l'entreprise*, La Découverte, 1995.

« L'implication totale des salariés dans leur travail ou encore le développement d'un sentiment d'appartenance. » Le système managérial ne cherche plus, selon Nicole Aubert et Vincent de Gaulejac[1], « à imposer un ordre de l'extérieur, mais à susciter l'adhésion de l'individu à un projet collectif qui stimule son imaginaire et auquel il s'identifie ». Circonstance aggravante, nous ne sommes plus dans des usines standardisées mais dans des firmes sollicitant l'imagination et l'intelligence de leurs salariés. Mais comment motiver davantage un salarié que l'on est prêt à remercier à la moindre baisse des cours ?

Freud et Marx au soleil de la Californie

Pour le comprendre, il faut se tourner vers la troisième matrice du paradigme managérial. Cette troisième source puise dans les sciences sociales et la psychologie.

Dans les années 1920, afin de démontrer que les relations de travail influencent la productivité, le sociologue du MIT Elton Mayo mena une série d'expériences dans les ateliers de la firme Hawthorne de la Western Electric. Ce philosophe australien eut l'idée de modifier les conditions dans un atelier témoin dans lequel des ouvrières assemblaient des câbles électriques, c'est ce que l'on appellera le « *Relay Assembly test room* ». Le but était d'améliorer l'environnement des salariés en augmentant l'éclairage ou la fréquence des pauses, etc. L'Australien constate alors que la pro-

1. Nicole Aubert et Vincent de Gaulejac, *op. cit.*

ductivité se redresse lorsque les conditions s'améliorent. Mayo met également en évidence une sorte d'effet placebo managérial. Lorsque la situation initiale est rétablie (baisse de l'éclairage, retour aux pauses courtes et plus espacées), la hausse des rendements se maintient. Hier pour Mayo et aujourd'hui encore pour nos managers, cette expérience constitue une révélation, pour ne pas dire un choc : s'intéresser à ses employés peut les rendre plus efficaces. Ce que tous les chefs avaient toujours su d'instinct, voilà qu'un savant le redémontrait dans une usine de pièces électriques !

Grâce à cet « effet Hawthorne », le manager constate qu'il n'est pas indispensable d'améliorer les conditions de travail (la luminosité ou les pauses dans notre exemple) mais qu'il suffit de le faire croire pour augmenter les cadences. Une telle expérience peut améliorer les rendements sans dépenser un centime de plus.

À partir du moment où l'on prend conscience du fait que l'homme est un être affectif, des recherches scientifiques peuvent être menées pour saisir les déterminants de son affectivité. Comme le soulignait Mayo, « l'homme heureux est plus productif ». Le commandement s'interdisait de porter atteinte à l'intégrité des subordonnés. Il donnait des ordres afin de faire triompher un intérêt général qui dominait chefs et subordonnées. Le management s'efforce de rendre les troupes plus heureuses pour les faire concourir au seul bien-être des patrons et des « *shareholders* » !

À la fin des années 1960, Peter Drucker ou Michael Porter étudieront l'entreprise en faisant leur miel des concepts sociologiques. C'est à cette époque que les emprunts à des auteurs comme Weber ou Crozier deviendront monnaie courante. De tels emprunts n'allaient pas de soi. Les sciences sociales et la psychanalyse expliquent les comportements individuels à partir de déterminismes. Un postulat qui contredit celui des sciences de gestion qui reposent sur le libre arbitre et la rationalité individuelle.

Le management a d'abord fait appel à la psychologie pour stimuler les pulsions d'achat. Publicitaires et vendeurs furent les premiers à dépasser le modèle néoclassique du consommateur hyper rationnel. Il faut aller en Californie pour comprendre comment la psychologie américaine, lointaine parente de la psychanalyse viennoise, s'est transformée en consultante. L'école de psychologie de Palo Alto range les êtres humains en quatre principaux caractères : les êtres visuels, kinésiques, auditifs ou sensoriels.

Ses fondateurs baptisent le fruit de leurs recherches « PNL » ou programmation neurolinguistique, révélant par là qu'ils sont convaincus que, armés de cette technique, ils pourront conditionner le comportement. La « PNL » est emblématique du détournement de la psychologie par le business. Elle est loin d'être la seule méthode employée par les managers.

Psychanalyse breuérienne, lacanienne, psychothérapie, méditation transcendantale, relaxation, techniques de libération des énergies positives ou d'affirmation de soi (« assertivité »), l'entreprise regorge de techniques censées mettre entre les mains des chefs des clés du psychisme de leurs employés. Appliquant les recettes de la psychologie ou des neurosciences, patrons et cadres sup vont se muer en gourous, cherchant à prononcer les bonnes paroles, à adopter la bonne gestuelle, à prendre la bonne pose, à dire à leurs subordonnés ce qu'ils ont envie d'entendre, etc. L'art de la motivation devient science de l'influence.

Sous la science, l'idéologie

Les sciences de gestion sont polymorphes, nous les avons vues muter. Curieuse discipline qui semble perpétuellement à la remorque de son objet d'études, la gestion ne cherche pas à savoir pour savoir, elle ne cherche pas, comme devrait le faire une science, la vérité. Les sciences de gestion partent de l'entreprise et visent à améliorer son rendement. Dans ce constat, il n'entre rien de péjoratif.

Le management est une science « capitaliste ». Pourtant, il n'existe pas de biologie « communiste » ni d'astrophysique « progressiste ». Les sciences de gestion ne sont pas vendues, elles sont achetées ! Elles ne sont pas politisées, elles sont « à droite toute ». Elles ont une patrie, les États-Unis d'Amérique. Un parti, celui des actionnaires.

80 % des revues scientifiques en gestion sont américaines[1]. 100 % des manuels utilisés pour former les élèves en école de commerce sont américains. Les sciences de gestion ont été importées en France dans les années 1970. Les chambres de commerce ont alors alloué des bourses à des jeunes gens pour décrocher un PhD. Le modèle de l'école de commerce en France, c'est HEC. Mais le modèle d'HEC, c'est Harvard. La langue de la gestion est aussi celle des affaires.

1. *Cf.* la liste officielle (mise à jour le 16 juin 2010) des revues AERES en économie et en gestion.

Pour expliquer cette hégémonie, on arguera du fait que le système universitaire américain est le plus puissant du monde, tant en qualité qu'en quantité, et que les cerveaux américains dominent la plupart des disciplines. Mais il suffit d'observer de près les sciences de gestion pour constater qu'elles sont culturellement américaines.

Outre-Atlantique, la tradition intellectuelle est marquée par l'empirisme anglais. D'où la méthode des cas. La pensée américaine puise à une autre source, généralement méconnue. Peu savent que l'immigration germanique forme une composante majeure du peuplement américain. À quatre voix près, l'allemand a failli devenir langue officielle. La psychologie germanique influence toujours la mentalité. Quelque chose de l'esprit systématique allemand subsiste sur les bancs des facs américaines. D'où le goût des procédures et de l'explicite[1]. Les Yankees induisent leurs conceptions de l'observation. Mais une fois induite, leur réflexion se transforme en procédures auxquelles nul ne songe à se soustraire. Outre-Atlantique, la pensée est sans a priori dans sa conception mais rigide dans son application. Au pays de la libre entreprise, la culture managériale trahit également une forte empreinte protestante.

Conformément au dogme de la prédestination calviniste, la mentalité américaine valorise les « *moneymakers* » et fait de la quantité de dollars détenus par un individu le critère principal de sa valeur. L'Université américaine n'a donc rien vu d'incongru à inventer une discipline destinée à étudier la manière de gagner de l'argent. La culture pragmatique des États-Unis est telle

1. Les Américains, par exemple, ne comprennent pas l'*understatement* britannique.

que tout s'y enseigne. Il existe dans ce pays des livres ou des logiciels pour choisir son chien ou quitter sa femme.

Ce sont les États-Unis qui ont unifié les sciences de gestion. Sans cette volonté de mettre la pensée au service des entreprises propre aux *business schools*, les extraordinaires gains de productivité dus aux nouvelles technologies de l'information ne seraient pas imputés à tort au management. Sans la constitution et la diffusion d'un paradigme managérial, la production en flux tendus n'impliquerait pas de tout rendre à l'actionnaire ou de déréguler. Ce sont les universités américaines qui ont donné au management une caution académique. La prétention scientifique des sciences de gestion a également accompagné celle d'un courant de l'économie à devenir hégémonique, le fameux modèle néoclassique, celui du marché et de la libre entreprise. Cette montée en puissance est allée de pair avec la révolution conservatrice, initiée, au début des années 1980, en Grande-Bretagne et aux États-Unis. L'école néoclassique n'était alors qu'un courant parmi d'autres. Or, l'effondrement de l'URSS va donner raison, de manière providentielle, aux partisans du libre marché.

Le management et l'hégémonie américaine

Le modèle soviétique écrasait tout intérêt personnel. L'économie était étouffée par un État au nom d'une idéologie diabolisant la propriété et l'enrichissement. L'éboulement de ce système qui prônait l'exact contrepied du modèle managérial sembla confirmer la pleine validité de ce dernier. Le prestige des sciences de gestion *made in USA* se trouva renforcé du fait que l'ennemi d'hier avouait son erreur. En apparence, le collectivisme était vaincu par l'individualisme. En apparence seulement. Car ce n'est pas le marché global, shooté aux délocalisations et aux produits financiers, qui a triomphé du communisme. Un tel marché ne se déchaînera que plus tard. Ce sont des États nations dont les économies et les monnaies étaient encore régulées qui eurent raison du marxisme-léninisme. La victoire de l'Ouest semble avoir consacré le primat de l'économique sur le politique. Là encore, gardons-nous de tout anachronisme. Reagan et Thatcher vivaient dans un monde menacé de guerre thermonucléaire. Entre le libéralisme tempéré d'alors et le libéralisme extrémiste d'aujourd'hui, il y a un gouffre. Notre modèle actuel qui ne croit plus aux frontières ressemble au marxisme internationaliste, certain que l'avènement d'un ordre économique parfait (le paradis communiste) allait rendre les guerres impossibles et les États superflus. La défaite par forfait du géant communiste fera du pays du management la seule superpuissance. Les dirigeants de tous les pays parlent anglais à leurs troupes, ne jurent que par les techniques de direction enseignées aux « States ». La raison du plus fort est toujours la meilleure.

CHAPITRE 4

Diriger contre l'intérêt général

« Commençons les premiers à marcher dans le chemin de l'honneur et entraînons-y les autres ! »

XÉNOPHON, *L'Anabase.*

« Je ne suis pas assez payé pour ce métier très dur », déclara le P-DG de Marks & Spencer, Luc Vanderveled, après avoir empoché 16 millions d'euros et licencié 8 000 de ses employés. Jamais les grands patrons n'ont été aussi bien payés. Jamais ils n'ont autant bloqué les salaires, dégraissé, externalisé ou délocalisé.

En devenant des managers, certains chefs contemporains ont rompu les amarres qui les attachaient à leurs troupes. Plus aucun bien commun ne les oblige.

La préférence pour le chômage

La plupart des managers licencient comme ils respirent et débauchent comme ils touchent des bonus, de manière décomplexée.

Lorsque cela va mal, le licenciement est considéré comme une nécessité, à la mode des saignées dans l'ancienne médecine. Lorsque cela va mieux, les managers compriment la masse salariale pour ménager l'avenir. Lorsque cela va bien, ils licencient pour contenter l'actionnaire. En prenant les commandes d'une entreprise, le manager licencie pour asseoir son autorité. Bien qu'aucun manuel ne le recommande, le licenciement pour le licenciement est un classique du management. Comme l'a analysé Naomi Klein[1], les partisans du marché assimilent la pratique à un « choc » salutaire. Au sein de la célèbre banque Goldman Sachs, les 10 % des cadres les moins productifs sont ainsi remerciés chaque année.

Cette tendance pavlovienne est telle qu'en prenant à plusieurs reprises des fonctions de direction le personnel m'a confié s'attendre à des « charrettes ».

Prenant la tête d'un groupe d'écoles en juillet 2008, j'avais hérité d'une situation passablement dégradée dont un établissement en cours de fermeture, à Nice. La pensée unique managériale m'imposait de « dégraisser ». Si j'avais été contraint de supprimer des postes, je m'y serais résolu. Mais pourquoi tailler dans le vif si l'on dispose d'autres remèdes ? Rétrospectivement, j'ai été bien inspiré de relancer le centre des Alpes-Maritimes, en préservant ses emplois. Sans le personnel de Nice, l'école ne se serait pas redressée.

Ce n'est pas en ayant moins de salariés qu'une entreprise redémarre. Sur qui s'appuyer pour dégager des recettes nouvelles ? S'il n'y a plus de marins, comment reprendre le vent ?

1. Naomi Klein, *La Stratégie du choc*, *op. cit.*

Ce n'est pas en dépensant moins que l'on gagne plus. Cette préférence pour le chômage révèle le malthusianisme des managers. Licencier, c'est souvent une solution de facilité.

Bien que la loi de 1984 ait supprimé l'autorisation administrative de licenciement, les managers français continuent de se plaindre d'un Code du travail rigide. À les écouter, ils ne seraient pas assez libres de réduire leur masse salariale. En 2012, les emplois précaires représentaient 14 % de l'emploi salarié en France contre à peine 5 % en 1982.

Remplacer ses employés par des fournisseurs

L'entreprise managériale confie à d'autres sociétés une part croissante de ses activités. Dans le sabir managérial, on parle d'« *outsourcer* » ou d'externaliser. Curieux réflexe de meneur qui consiste à vouloir mener le moins d'hommes possible. Une étude récente du cabinet Ernst & Young, réalisée en collaboration avec l'institut TNS Sofres, révèle que près des deux tiers des firmes hexagonales ont recours à l'*outsourcing*. Il y a dix ans, moins d'une sur deux externalisait. Pour expliquer cette tendance, 37 % des patrons interrogés invoquaient la réduction des coûts tandis que 28 % affirmaient vouloir développer une « nouvelle stratégie d'organisation ».

Dans l'entreprise que je dirige, certains suggèrent de supprimer un poste d'hôtesse pour sous-traiter l'accueil. Cela coûterait plus cher, me dit-on, mais ce serait tellement plus confortable ! Nous gagnerions de fraîches jeunes filles en uniforme, jamais malades, jamais absentes, jamais les mêmes mais toujours souriantes et, comme on s'en doute, sous-payées.

Confier l'accueil à un prestataire sur lequel on n'exerce aucune autorité entraîne pourtant plus d'inconvénients que d'avantages. Une hôtesse glane des informations et renseigne les visiteurs. C'est le premier visage de l'entreprise. Vouloir que cette figure soit étrangère est surprenant.

Le lien juridique reliant sous-traitant et donneur d'ordres ne comporte aucune subordination. Si notre accueil dysfonctionne, ce sera la faute de la sous-traitance, pas celle d'un chef de service. L'*outsourcing* transfère la charge d'âmes. Faire appel à des sous-traitants, c'est prendre un chien au lieu de faire un enfant.

Délocaliser, loin des yeux...

Nombre de managers licencient, sous-traitent, et lorsque cela ne suffit pas, ils délocalisent. Ici encore, la réduction des charges n'est pas le seul facteur guidant les managers. Disposer de travailleurs dociles, dans certains cas extrêmes d'enfants, constitue une aubaine. Les managers préfèrent recruter des employés qu'ils ne verront jamais. Loin des yeux, loin du cœur. De 1990 à 2005, 7 millions d'emplois industriels ont été détruits dans les pays de l'OCDE pendant que 7 millions étaient créés en Chine. Au cours des dix dernières années, la France a « exporté » 1 million d'emplois. Ces cinq dernières années, 50 % de la production automobile hexagonale ont été délocalisés. Certains pays développés n'ont plus aucune industrie. En Grande-Bretagne, la principale activité consiste à placer l'argent des autres, ce que, par un abus de langage, on appelle « l'industrie » financière ! Au départ, seules les activités à faible valeur ajoutée furent concernées par cette purge antisalariés, puis tout ce qui a pu être délocalisé l'a été. Tout doit disparaître ! La seule chance de nos coiffeurs, c'est qu'il n'est pas possible de se faire couper les cheveux à Bangalore.

Cette application mise à dégraisser ne reflète aucun sadisme ni aucune mauvaise intention de la part de nos managers mais bien plutôt la croyance dans les bienfaits du marché global.

Précariser : se faire plus facilement obéir

Le remplacement de salariés expérimentés par de jeunes recrues s'explique par la quête effrénée de réduction des coûts. Mais pas seulement. Les « juniors » constituent une main-d'œuvre malléable, surtout lorsque, en stage ou en apprentissage, ils cherchent un emploi stable. C'est aussi le cas des titulaires de contrats à durée déterminée. Dans certains cas, pour décrocher un job, les intérimaires doivent répondre aussi vite que possible à un SMS qui leur est envoyé par une agence et se rendre, dans le quart d'heure qui suit, sur leur lieu de travail. Les plus réactifs décrochent le job. En cas de besoins ponctuels, l'emploi de salariés d'appoint se justifie mais nombre d'entreprises surpayent des intérimaires pour être déliées de toute obligation à leur égard.

Bloquer les salaires, précariser ou licencier revient à considérer les subordonnés comme des poids dont beaucoup de managers sont ravis de se délester. En outre, sans ce chantage au chômage, il serait bien plus difficile à nos managers de se faire obéir. Une autre idée toute faite du management consiste à penser que, après quelques années, les salariés s'enkystent. Ainsi, même s'ils demeurent performants, il faudrait tout de même les remercier au bout d'un certain temps. Bien des entreprises ne craignent pas d'afficher un fort *turn-over* : « Chez nous, tu vas beaucoup apprendre et tu pourras bien te revendre ailleurs, explique le DRH d'un cabinet de conseil à une candidate. On dirait un couple qui, à peine marié, sait qu'il va divorcer[1]. »

Les managers, combien de divisions ?

Jadis, le nombre d'hommes qu'il dirigeait mesurait la puissance d'un chef. La force d'un dirigeant se signalait par la masse qu'il entraînait. Suivant les critères de l'efficience managériale, l'inverse devient vrai.

Lors d'un déjeuner, le directeur de la filiale européenne d'un géant de l'Internet m'interrogea : « Devinez combien j'ai de salariés en Europe ? » Tenant compte du poids de sa société, je tentai : « Deux cents ? » Le visage de mon interlocuteur s'illumina : « Sept, nous ne sommes que sept ! Notre business modèle dégage de la valeur sans embaucher, génial, non ? » Soupesant l'intérêt de mes étudiants, je renonçai à lui faire remarquer qu'avec de tels raisonnements plus personne ne sera bientôt en mesure de se payer un accès Internet !

L'homme ne se gère pas, il se commande. Un subordonné, il faut l'aider ou le contrôler, le blâmer ou l'encourager. C'est pourquoi les managers préfèrent

1. Alexandre des Isnards et Thomas Zuber, *L'open space m'a tuer*, Hachette Littératures, 2008.

« commander » des machines. La France est championne du monde de la « substitution capital-travail » dans les services, c'est-à-dire du remplacement des employés par des machines.

Avec trois millions de chômeurs sur les bras, transformer nos pompistes et nos guichetières en distributeurs automatiques n'était peut-être pas une priorité ! Contrairement à ce qu'affirment nos managers, un secteur high-tech dynamique n'est nullement incompatible avec le maintien d'innombrables emplois non qualifiés. Il suffit d'aller au Japon pour vérifier qu'une économie peut être tournée vers les hautes technologies tout en préservant ses petits boulots. Dans chaque rame du Shinkansen, le TGV nippon, un employé sert le thé et propose des bentos, ces plateaux repas colorés.

Le succès des ERP (« Enterprise Resources Planning »), ces progiciels multifonctions, tient également à la préférence des managers pour le chômage.

Vantant les mérites de ces couteaux suisses informatiques, censés intégrer et traiter toutes les demandes de l'entreprise, les VRP des sociétés spécialisées n'hésitent pas à brandir l'argument : « Grâce à nos produits, vous réduirez votre masse salariale ! » Hors de prix, ces logiciels nécessitent une maintenance souvent plus onéreuse que les employés qu'ils remplacent. Le manager est prêt à investir pour se débarrasser de ses ouailles. Un employé peut tomber malade. Une collaboratrice peut être enceinte. Les ordinateurs, eux, se programment, s'entretiennent, « s'upgradent » sans ronchonner ni demander de prime !

Dissimulant sa préférence pour le chômage et la précarité derrière un prétexte de réduction des coûts, le manager masque son manque d'assurance. Ne sachant souvent plus comment s'y prendre pour obtenir le meilleur de ses troupes, un grand nombre de patrons postmodernes préfèrent ne rien avoir à faire avec elles.

Le licenciement, ultima ratio

Jadis, les dirigeants ne se séparaient que de collaborateurs dont le comportement entravait le bon fonctionnement de l'entreprise ou lorsqu'ils n'avaient plus de travail à leur donner. En France, la législation reflète toujours cette double dimension : licenciement pour faute ou contrainte dictée par l'environnement, c'est le tristement célèbre licenciement pour motif économique. Le Code du travail reste en vigueur, son esprit s'est vidé.

À présent, certaines entreprises licencient des collaborateurs loyaux et efficaces, y compris lorsqu'elles demeurent rentables ! Elles le font pour comprimer les coûts (objectif reconnu comme une fin en soi par le management), pour préparer l'avenir (ce qui est généralement assimilé, par la presse financière et les milieux patronaux, à de la grande stratégie) ou pour plaire aux marchés (ce sont les licenciements boursiers). En septembre 1999, Michelin annonçait simultanément un bénéfice semestriel en hausse de 20 % et la suppression de 7 500 emplois, soit 10 % de ses effectifs en Europe. Le lendemain, son cours de Bourse bondissait de 11 % ! En 2001, Lu-Danone annonçait des résultats mirobolants et deux mois plus tard supprimait huit cents emplois. La même année, en dépit d'un confortable bénéfice de 900 millions de dollars, Honeywell fermait un centre de production en France. En 2007, l'entreprise

Gemalto (spécialisée dans la sécurité numérique) licenciait 362 salariés et décrochait le prix de la meilleure performance boursière décerné par BFM-business. Le tollé soulevé au tournant du siècle par Lu ou par Michelin n'a plus rien à voir avec l'indifférence qui entoure les annonces récentes d'un Sanofi. Ce dernier, à l'automne 2012, affichait 5,7 milliards d'euros de bénéfices après avoir capté 130 millions de subventions publiques en 2011 et annonçait 2 500 suppressions d'emplois à venir. Cette pratique, consistant à dégraisser pour grossir le dividende, n'est pas seulement moralement inacceptable, elle est économiquement absurde. L'annonce d'une vague de licenciements peut faire remonter temporairement les cours mais l'effet de telles mesures est rarement durable. Un exemple caractéristique de ce mécanisme de baisse des cours et de retour à leur point d'équilibre après des licenciements boursiers est offert par la cotation de RIM, le fabricant du Blackberry. Quelques mois plus tard, l'action est retournée à sa valeur d'avant l'annonce des licenciements. Des suppressions de postes qui ne sont pas économiquement justifiées et qui ne s'accompagnent pas d'un plan de redressement crédible ne produisent qu'un feu de paille financier. Les marchés ne forment pas l'alpha et l'omega de l'économie mais cela ne veut pas dire qu'ils ne servent à rien.

Devenus managers, les patrons n'utilisent plus le licenciement comme ultime recours mais comme un banal levier de pilotage.

Naguère, licencier pour licencier ne se faisait pas.

À l'époque du commandement, l'honneur d'un chef consistait à prendre soin de ses hommes. L'une des principales métaphores du chef, filée depuis l'Antiquité, est celle d'un berger qui protège son troupeau.

Dans la Bible[1], c'est en remarquant que Moïse et David se souciaient du bien-être de leurs brebis que l'Éternel leur confia charge d'hommes.

La protection du groupe par le leader correspond à un réflexe anthropologique. C'est pour assumer cette mission que tout chef dispose d'un pouvoir de vie et de mort. Ce pouvoir est réel dans le cas du général d'infanterie et symbolique s'agissant du P-DG. Le manager peut licencier, c'est-à-dire prononcer un arrêt de mort économique. Ce droit se justifie par la sauvegarde de l'entreprise. De même qu'un État doit déployer la moindre violence pour maintenir l'ordre, une firme saine doit licencier le moins possible mais s'y résoudre lorsque cela se révèle nécessaire.

Jusque dans les années 1980, pour un patron, se séparer de nombreux collaborateurs était synonyme d'échec. Un chef digne de ce nom qui échouait démissionnait. Exactement comme un capitaine était censé quitter son navire le dernier. Mais à l'ère du management, les capitaines songent à se sauver eux-mêmes. Accumulant des erreurs qui coûtèrent la vie à trente-deux passagers, le capitaine du *Costa Concordia* a intenté un procès[2] pour obtenir sa réintégration ainsi que le versement d'indemnités. Le chef postmoderne n'assume plus.

Hier, lorsque la situation dégradée d'une entreprise nécessitait des coupes dans les effectifs, le chef était généralement le premier à être remercié.

Tant que leurs dividendes ne sont pas compromis, la plupart des actionnaires et administrateurs considèrent

1. Benny Lévy, *Le Meurtre du pasteur*, Grasset, 2002.

2. *Cf.* « Le commandant du *Costa Concordia* veut récupérer son poste », *Le Monde*, 10 octobre 2012.

aujourd'hui que les licenciements n'offrent aucun prétexte à changer de tête.

Au contraire ! Un CEO (*chief executive officer,* l'équivalent américain de notre directeur général) qui, au lendemain de l'annonce de profits record, limoge des milliers de collaborateurs se taillera une excellente réputation. Les conseils d'administration de la place ne tarderont pas à le réclamer.

En cas de licenciements économiques, les managers devraient pourtant assumer leurs responsabilités en renonçant au moins à la part variable de leur rémunération.

Or, lorsque leur management se révèle calamiteux, nombre de dirigeants actuels exigent le versement de parachutes dorés, de retraites chapeaux ou d'autres sommes exorbitantes prévues dans leur contrat. Les managers incompétents n'ont souvent rien à réclamer pour être gratifiés lors de leur départ. Le licenciement, c'est bon pour la piétaille. Entre gens de bonne compagnie, cela ne se fait pas. À Rome, deux augures ne pouvaient se regarder sans sourire. Aujourd'hui, deux managers ne peuvent évoquer le sens du devoir sans rire.

En 1940, Pétain vit sa propre stratégie provoquer la défaite. Plutôt que de rendre ses galons, il se saisit du pouvoir et accusa les Français de n'avoir pas voulu se battre. Dans un discours radiodiffusé, le 20 juin 1940, il stigmatisa « l'esprit de jouissance (…) On a revendiqué plus qu'on a servi. On a voulu épargner l'effort (…) ». Une telle attitude offre le contre-exemple absolu de ce que doit faire un chef. Un responsable qui a failli démissionne. Ce que fit Lionel Jospin, le 21 avril 2002, après avoir été éliminé à l'issue du premier tour de la présidentielle : « J'assume pleinement les conséquences de cet échec en me retirant de la vie politique ! » Par ces mots, le candidat socialiste tirait les leçons de ce qui ne pouvait être que son propre échec. Lorsque le parti, l'entreprise, l'institution ou l'équipe échoue, c'est toujours la faute de son chef.

Quelles différences entre l'attitude de Pétain et celle d'un P-DG qui, après avoir lamentablement échoué, exige d'être récompensé ?

Des chefs qui ne veulent plus être des modèles

Les écarts de rémunération entre patrons du CAC 40 et salariés de base n'ont jamais été aussi élevés. En France, à la fin des années 1960, les écarts moyens entre le salaire ouvrier et la rémunération des dirigeants des grandes entreprises (hors stock-options et attribution d'actions) était de 1 à 40. Ce même rapport est aujourd'hui de 1 à 200.

Pour mieux apprécier cette situation, il faut distinguer les retraites chapeaux, c'est-à-dire les sommes versées à raison de la cessation des activités des dirigeants ou postérieurement, des indemnités de départ et des rémunérations différées aussi nommées parachutes dorés.

Jusqu'en 2007, en France, ce type de rémunération bénéficiait d'une fiscalité spécialement avantageuse. Avec l'adoption d'une loi sur la transparence de la vie économique (ou loi Tepa du 21 août 2007), ces indemnités ne sont plus déductibles au titre de l'impôt sur les sociétés que dans la limite de 200 000 euros. La loi Tepa prévoyait également de conditionner retraites chapeaux et parachutes dorés aux performances du bénéficiaire. Simples vœux pieux car la législation ne comporte aucun mécanisme contraignant.

Dans son rapport d'octobre 2008 sur une proposition visant à réformer le statut des dirigeants de société, la Commission des lois du Sénat, avec un sens consommé de la litote, soulignait : « Les règles du code de gouvernance ne pourront être mises en application que progressivement et de manière relativement flexible. » Le texte qui sera voté dépendra finalement de la bonne volonté des dirigeants pour être appliqué. Les milieux patronaux adoptent des codes de bonne conduite, créent des comités de rémunération ou de sages. Tout ce beau monde jure d'être vertueux à condition que rien ne lui soit imposé.

L'inanité des dispositifs de contrôle traduit l'embarras de l'État à intervenir dans un domaine qui, d'après la doxa managériale, relève de la gouvernance des entreprises.

Les prétextes des milieux autorisés pour ne pas encadrer les gratifications des dirigeants sont toujours les mêmes : si nous voulons les meilleurs, il faudra les payer sinon ils partiront sous d'autres cieux. Cette argumentation, répétée jusqu'à la nausée, mêle deux types d'arguments : un argument légitimant la flambée des rémunérations des P-DG (nous sommes hors de prix, mais « nous le valons bien » !) et un argument de contrainte (« nous n'avons pas le choix », l'ouverture des frontières nous oblige à…). En réalité, cette envolée des rémunérations ne reflète en aucune manière celle de la productivité des managers. Leur prix a été multiplié par dix, parfois par cent, mais ils ne sont pas devenus cent fois ni même dix fois plus efficaces. Pour le comprendre, plaçons-nous sur un autre « terrain ».

Les joueurs de football des années 1970 et 1980 étaient dix mille fois moins rémunérés que les joueurs actuels. Mais Platini ou Pelé ne marquaient pas moins de buts que Zidane ou Kaka.

Reste l'argument technique, celui de la contrainte : si nous ne versons pas des fortunes aux joueurs ou aux grands patrons, la concurrence internationale fera son œuvre. En matière de football, un marché international existe. Les barrières linguistiques ou culturelles ne jouent aucun rôle dans l'univers du ballon rond. Et surtout les joueurs surdoués sont tellement rares qu'ils bénéficient d'une rente. Il n'en va pas du tout ainsi des P-DG dont la mobilité internationale est faible. Quant à leur rareté, il est certain que les patrons bénéficiant d'émoluments stratosphériques pourraient être remplacés par des candidats au moins aussi efficaces, mais coûtant cent fois moins cher.

La rémunération des P-DG est d'ailleurs de plus en plus déconnectée de leurs résultats. En 2002, après avoir mis Vivendi dans une situation délicate, Jean-Marie Messier obtenait 20,5 millions d'euros avant de tirer sa révérence. En 2007, Noël Forgeard quittait EADS en annonçant qu'il allait licencier 10 000 personnes mais sans oublier d'ouvrir un golden parachute de 6 millions d'euros plus 2,5 millions d'indemnités de non-concurrence. En 2008, perdant 207 millions d'euros, Valéo remerciait 5 000 collaborateurs. Débarqué par son conseil d'administration, le P-DG de l'équipementier partira avec 3,2 millions d'euros. En septembre 2009, Patricia Russo quitte Alcatel Lucent. Elle laisse une entreprise exsangue qui licencie 12 500 personnes. Avant de partir, elle perçoit 6 millions d'euros. Quant à Lars Olofsson, ex-P-DG de Carrefour, son conseil d'administration attendra janvier 2012 avant de le remercier. Pourquoi ? Parce que son mandat fixait cette échéance pour déclencher le versement à vie d'une confortable retraite chapeau. En 2011, Lars Olofsson allait pourtant émettre cinq « alertes » pour prévenir la communauté financière du caractère catastrophique de ses résultats.

En 2009, la rémunération des trente-cinq dirigeants du CAC 40 déjà en poste augmentait de 4 % alors que leurs résultats baissaient de 20 %. Noblesse n'oblige plus.

Comme le soulignait Marcel Gauchet, la principale raison d'être de ces rémunérations extravagantes consiste à prouver que l'élite économique appartient à une classe d'intouchables n'ayant plus aucun rapport avec le commun des mortels.

Peu suspect de penchants révolutionnaires, David Rockefeller avait coutume de dire qu'il ne prêterait jamais d'argent à un chef d'entreprise gagnant dix fois plus que ses employés. Nous étions en 1900. En ce début de millénaire, dans la patrie du management, nous en sommes à quatre cents fois plus. L'affirmation du banquier exprimait une morale, aujourd'hui périmée, mais aussi une sagesse universelle : un chef ne dirige correctement ses troupes qu'en partageant avec elles un bien commun.

Licencier pour s'augmenter

Derrière toute fermeture d'usine, toute délocalisation, toute externalisation demeure l'excuse de l'efficacité. Cette feuille de vigne couvre de moins en moins l'essentiel, à savoir que de nombreux chefs servent leurs propres intérêts.

Contrairement au chef, le manager ne protège plus. Il ne se sent plus responsable vis-à-vis de sa base mais uniquement face à ses pairs, les actionnaires. « Servir sans s'asservir » : la devise de l'École nationale d'administration date de 1945. Si l'État voulait la mettre au goût des managers, il devrait la remplacer par « S'asservir (à l'actionnaire) pour se servir » !

Beaucoup de managers congédient leurs employés, y compris lorsque leur entreprise dégage du profit. Simplement, elle n'en dégage pas assez. En 2009, Caterpillar privait 20 000 personnes d'emploi alors que les dividendes augmentaient de 17 % ! Lorsque Luc Vanderveled, P-DG de Marks & Spencer, ferma ses trente-huit boutiques, il n'en fit pas mystère – c'était pour « rendre 2,8 milliards d'euros aux actionnaires ».

Ces milliards que, jusqu'à présent, les employés gagnaient en travaillant, certains pensent qu'il serait urgent d'en régaler les rentiers ! Plus de chômeurs, c'est moins de salaires et c'est aussi le meilleur moyen d'obtenir la « modération salariale », euphémisme pour « peur de se retrouver au chômage ». Plus de délocalisations et plus d'emplois précaires freinent également la croissance des coûts salariaux.

Le monde à l'envers ou lorsque les chefs jouent perso

Un fondateur de start-up me confiait sans gêne : « Encore trois ans, je me fais racheter, je touche le pactole et je laisse ces cons ! » Ayant participé à l'effervescence des années 2000, je me rappelle que beaucoup de ces jeunes entrepreneurs ne rêvaient que de « levée ». Traduire par levée de fonds. Une telle franchise ne se rencontre qu'au sein d'une génération biberonnée au management. Généralement, les patrons de PME réduisent plus difficilement leurs salariées à des lignes comptables. Les entreprises subissent souvent de plein fouet les effets du capitalisme managérial. Leurs dirigeants sont rarement plus riches que leurs employés.

En revanche, certains « patrons-voyous » sont prêts à détruire leur entreprise s'ils peuvent en profiter. Ces derniers n'hésitent pas à incendier leur stock pour empocher l'argent des assurances ou pour fermer leur entreprise.

De plus en plus de fondateurs, de repreneurs ou d'héritiers vendent à la concurrence ou à des fonds de pension. Le capitalisme familial est en voie de disparition. Au moment où il cédait ses actions à General Motors, dans une formule digne du *Guépard*, le dernier président de Fiat déclarait[1] : « Si cela est nécessaire, nous voulons savoir de quelle mort nous mourrons. » Jusqu'en 2005, le clan Agnelli avait su garder la main sur la Fabbrica Italiana di Automobili Torino (Fiat), fondée par leur grand-père en 1899. La plupart de ceux que l'on appelait les grands capitaines d'industrie, eux-mêmes fondateurs ou héritiers d'empires qu'ils faisaient fructifier, ont été rachetés, dépecés et revendus par des fonds de pension ou d'investissement.

Un créateur d'entreprise postmoderne, animé d'un esprit authentiquement managérial, cherchera à vendre

1. Daniel Fortin, « La fin du capitalisme familial », *Le Nouvel Observateur,* 14 mars 2000.

au plus vite. Il ne créera plus pour créer. Il bâtira une entreprise comme on joue au Loto. Pour décrocher le gros lot.

À Saint-Junien, dans la Haute-Vienne, les dirigeants américains d'Albany-Cofpa ferment brutalement une usine de tissage qui dégageait de confortables bénéfices. Du jour au lendemain, abandonnant cent trente-cinq employés, ils partent avec la caisse. À Hénin-Beaumont, les repreneurs de Samsonite ont perçu plusieurs millions d'euros de subvention pour reconvertir l'usine en centre de production de panneaux solaires, puis ils l'ont mise en faillite. L'américain Honeywell refusa de désamianter l'un de ses centres de production estimant que si l'État français craignait pour la santé de ses employés, il n'avait qu'à assumer le coût financier de la mise aux normes. De plus en plus de firmes développent un rapport de prédation à l'égard des États : elles captent des subventions, bénéficient des infrastructures mais refusent de payer des impôts ou de maintenir des emplois. Quant à Bernard Arnault, fondateur du groupe LVMH, il défraya la chronique en annonçant qu'il avait demandé la nationalité belge. Soudaine nostalgie de son enfance passée sur les riantes plages de la côte belge (mais que n'y retourne-t-il pas plus souvent en famille, l'été ?) ou volonté de bénéficier d'une fiscalité sur les successions plus favorable ? Voir Zuydcoote et mourir ! Les managers s'estiment de plus en plus « hors sol », au-dessus des lois. Une procédure est engagée à l'encontre de Ryan Air afin que cette société cesse d'appliquer le droit irlandais dans l'Hexagone. Aussitôt, la compagnie *low cost*, qui avait pourtant bénéficié d'aides publiques pour s'installer en France, annonce le redéploiement de ses activités en Espagne et en Lituanie. Comme le révèle l'enquête que le journaliste du *Monde*, Marc Riche, a consacrée à Goldman Sachs, la banque new-yorkaise, en pleine crise financière, n'a pas hésité à vendre des titres dont elle savait pertinemment qu'ils ne valaient plus tripette. Plus cyniques encore, les dirigeants de Goldman ont spéculé à la baisse sur ces titres « pourris » qu'ils étaient en train de céder à leurs clients.

Inside Job, le reportage de la BBC consacré à la crise des « *subprimes* », contient l'incroyable aveu des dirigeants de Lehman Brothers. Ces derniers, toute honte bue, admettent avoir coulé leur banque pour devenir milliardaires ! Quant au P-DG d'Enron, Kenneth Lay, la veille de la faillite, il écrivait encore des e-mails à ses employés pour les convaincre d'acheter des actions alors qu'il avait créé trois mille sociétés off-shore pour maquiller ses pertes abyssales. Enron, spécialisé dans l'énergie, truquait ses comptes avec l'aide d'Andersen, cabinet d'audit qui s'était taillé une réputation planétaire de rigueur. Andersen ferma les yeux sur les manœuvres frauduleuses d'Enron qui utilisait ses filiales pour acheter et vendre fictivement en gonflant ainsi son bilan et augmenter sa capacité d'emprunt. Andersen acceptera également que la comptabilité d'Enron se base sur les prix du marché et non sur les valeurs, une pratique alors uniquement autorisée dans la finance. Sitôt la fraude démasquée, les auditeurs se sont mis à effacer leurs e-mails et à louer les services d'une société spécialisée pour broyer vingt-six caisses de soixante kilos chacune de documents compromettants.

Adam Smith nous a appris à ne pas compter sur l'altruisme de notre boulanger pour manger du bon pain. Ainsi, les économistes ont depuis longtemps dissocié les notions de justice et d'efficacité. Tout en recherchant le profit maximal, les entreprises se doivent tout de même de respecter les lois (mais la mondialisation permet de les contourner) et les mœurs. Ce n'est pas parce que tout est légalement possible (cas de la guerre ou des zones grises de la finance) que tout est moralement tolérable. L'art militaire consiste à neutraliser son ennemi par tous les moyens. Il existe cependant des lois de la guerre et des principes. Le spectacle d'un système financier international qui s'est refait une santé sur le dos des États avant de spéculer contre eux (après avoir aggravé leur déficit !) est l'équivalent des crimes de guerre.

La fraude ou la volonté de s'enrichir au détriment de la collectivité ne datent pas d'hier. À la fin du XIXe siècle, les grands barons du capitalisme américain se montrèrent si cupides que le très libéral État fédéral dut se résoudre à encadrer leurs activités. Ce fut la législation antitrust. Les dirigeants d'alors savaient se montrer durs avec les faibles. Le travail des enfants ou le travail de nuit des femmes n'empêchaient pas les patrons de prospérer tranquille. Cependant, gardons-nous de tout anachronisme. Au XIXe siècle, l'éthique du capitalisme était forte et le sentiment de supériorité morale des dirigeants parfaitement assumé. Dans sa célèbre étude de *L'Éthique protestante et l'esprit du capitalisme*, Max Weber éclaire la tendance ascétique des grandes fortunes de cette époque. Les croyances des Églises réformées, explique le sociologue, encourageaient les pionniers du capitalisme à accumuler d'immenses richesses mais leur interdisaient d'en jouir. Le luxe était condamné comme marque d'idolâtrie. Cet état d'esprit encourageant l'effort et stigmatisant le consumérisme était alors répandu dans toute la haute société. Des happy fews parfaitement conscients de leurs privilèges mais aussi de leurs obligations.

Les riches savaient quoi faire de leur bien : fondations, charité, réinvestissement au service du progrès, etc. Les patrons craignaient que les ouvriers boivent leur paye. Les managers d'aujourd'hui ont décroché le crucifix au-dessus de leur lit. Ils ne sont plus tenus par une morale du bien commun.

Jusqu'au début des années 1980, les salariés restaient peu intéressés par la bonne marche de l'entreprise. Chacun était dans son rôle. Les chefs rappelaient l'intérêt du service, le respect du règlement intérieur, ils en appelaient à la conscience du travail bien fait. Les employés pensaient à leurs vacances, à leurs augmentations. Loin d'être idyllique, ce monde possédait des frontières, un haut et un bas, une gauche et une droite, des privilèges et des devoirs. Les chefs jouaient collectif et les employés perso. Les ouvriers utilisaient un fond idéologique teinté de lutte des classes et en tiraient prétexte pour établir un rapport de force leur permettant d'améliorer leur sort. Brandissant le spectre du Grand Soir, les travailleurs pensaient « samedi soir et hausses de salaire ». Quel contraste avec le dévouement manifesté par les salariés actuels ! Sans même évoquer le surinvestissement des cadres, en cas de fermeture d'usines, il n'est pas rare de voir des ouvriers chercher un repreneur. On est frappé par la parole des victimes de licenciement, par leur attachement aux produits qu'ils fabriquaient et dont ils étaient fiers. En ce début de siècle, les salariés ressemblent à des soldats trahis par leurs généraux.

À travers le culte de la qualité totale ou de la culture client, bien des patrons servent leurs intérêts. Lorsque les managers évoquent l'esprit « corporate », la plupart d'entre eux pensent bonus et dividendes. Quelques-uns font pire que diriger en leur nom propre, ils gouvernent contre l'intérêt général.

Les managers, profiteurs d'une guerre qu'ils ont déclarée

Jack Welch, ex-patron de General Electric, que ses employés surnommèrent « la bombe à neutrons » pour avoir divisé par trois les effectifs de sa firme, affirmait : « La lutte des classes continue mais désormais ce sont les patrons qui la gagnent. » L'autobiographie d'un autre parangon du capitalisme américain contemporain, Al Dunlap (ex-P-DG de Sunbeam, société d'investissement), s'intitule « La férocité en affaires ». Tout un programme ! Surnommé « la Tronçonneuse » pour ses plans de licenciements, Dunlap finira par truquer les comptes de son entreprise. « Cessez de croire que la bonté est la meilleure des valeurs managériales, écrit l'un de ces nouveaux patrons, n'hésitez pas à être cynique ! » Avec de tels prédateurs à la tête de certaines sociétés, on renoue avec Grotius[1] qui contestait que le pouvoir « soit établi en faveur de ceux qui sont gouvernés ». Rousseau[2] redoutait également que « chacun ait son chef, qui le garde pour le dévorer ».

1. Jean-Claude Monod, *op. cit.*
2. Jean-Jacques Rousseau, *Du contrat social*, livre I, chapitre II, Classiques Garnier, 1989.

Tant que le commandement restait en vigueur, même l'entreprise était soumise à une certaine idée du bien commun. Dans les années 1970, le patron de General Motors pouvait affirmer : « Tout ce qui est bon pour General Motors est bon pour les États-Unis ! »

Dans une interview accordée au *Monde*[1], Anne Lauvergeon se dit « consternée et triste » car lorsque l'on évoque son bilan à la tête d'Areva, on ment sur l'essentiel. Aux yeux de cette grande « manageuse », qu'est-ce que l'essentiel ? S'agit-il de l'indépendance de son pays, des emplois qu'elle a créés ou de l'avenir énergétique de l'humanité ? Que nenni. Selon Anne Lauvergeon : « L'essentiel, c'est qu'Areva a créé beaucoup de valeur pour ses actionnaires en dix ans. »

Hier, un patron guidé par le seul intérêt de ses troupes était un chef de bande. Au temps du commandement, même les parrains de la pègre étaient tenus de veiller à l'intérêt général. *Cosa nostra* signifie, littéralement, « notre chose ». Non seulement certains grands patrons se soucient comme d'une guigne de l'intérêt de leur pays mais ils ne reconnaissent plus leurs gens.

Pas de chef sans intérêt général !

L'existence et le service d'un bien commun sont pourtant pensés par une longue tradition philosophique comme la condition de possibilité de l'autorité. Aristote évoque l'*arké*, le principe sur lequel repose tout pouvoir : « Quand un individu, ou quelques-uns, ou le grand nombre gouvernent dans l'intérêt commun, la

1. Vendredi 10 février 2012.

Constitution est nécessairement droite ; quand ils gouvernent dans leur propre intérêt, soit dans l'intérêt d'un seul, de quelques-uns ou de la foule, la Constitution est déviée de son but. » Montesquieu et Rousseau soulignèrent l'un et l'autre le rôle de la vertu pour fonder le pouvoir. De son côté, Max Weber a montré comment l'autorité procédait toujours d'une forme ou d'une autre de charisme. Étymologiquement, le charisme renvoie à la notion de « don ». En ce premier sens, certains possèdent ce charme qui fonde l'ascendant sur autrui tandis que d'autres ne l'ont pas. En fait, tout charisme vient de Dieu. La « charis », par excellence, c'est aussi la charité, c'est-à-dire l'amour qui s'abandonne à Dieu et le sert gratuitement. Weber ajoute qu'il existe deux types de charismes : le charisme personnel, c'est l'*empsychos*, suivant le terme grec, et le charisme institutionnel, lié à la fonction, l'*amtscharisma*. Dans les deux cas, l'autorité ne réside pas dans la personne mais convoque des principes qui la dépassent. Le pouvoir ne se trouve jamais dans le chef, comme le souligne Jean-Claude Monod[1], mais dans la société elle-même.

Le bien public d'une collectivité varie en fonction de sa finalité. On ne dirige pas une prison comme une colonie de vacances. Mais dans l'une comme dans l'autre, le chef doit servir l'intérêt général.

Le bien commun n'est jamais étranger aux principes d'une société. Avant de lancer les gamins de Téhéran à l'assaut des mines, Khomeyni leur avait remis un passeport pour le paradis. Jules Ferry ordonna aux gendarmes de conduire, si besoin de force, les petits paysans à la communale. Il le fit au nom du progrès.

1. *Qu'est-ce qu'un chef en démocratie ?, op. cit.*

Fanatique religieux ou laïcard, pour se faire obéir, le chef invoque des fins dernières.

Le bien commun intègre des valeurs qui surplombent l'individu. Ainsi l'intérêt général et celui qui l'incarne incorporent une dimension sacrée.

La légitimité est toujours liée au sacré. Le sacré, c'est ce dont on hérite et que l'on ne choisit pas[1]. C'est ce qui réunit mais aussi ce qui exclut, c'est ce qui ne s'achète pas et justifie que l'on sacrifie sa vie.

L'intérêt général légitime la hiérarchie. C'est en son nom que les chefs se faisaient obéir. « Chose commune » aux dirigeants et aux dirigés, l'intérêt général unissait le chef à ses hommes. Tout chef est monarque. Mais même le plus absolu des monarques doit être « res publicain ». Dans une conférence consacrée à la définition de l'autorité[2], Hannah Arendt rappelle : « (...) Celui qui commande et celui qui obéit (...), ce qu'ils ont en commun, c'est la hiérarchie dont chacun reconnaît la justesse et la légitimité. »

Sanctifiant le commandement et l'obéissance, l'intérêt général interdit au chef de se servir du pouvoir comme bon lui semble. À cet égard, les Anciens distinguaient le dictateur, qui suspend la légalité au nom de la légitimité, du tyran, qui commande selon son bon plaisir. En observant Richard Branson, le P-DG de Virgin, sourire céramique aux lèvres, bimbo au bras, dans une grotesque combinaison rouge floquée aux couleurs de sa marque, Platon aurait reconnu un tyran, tyrannisé par ses désirs.

---

1. Régis Debray, *Jeunesse du sacré*, Gallimard, 2012.
2. Hannah Arendt, *La Crise de la culture*, Gallimard, « Folio », 1987.

Si l'intérêt général change, le chef tombe

Si les raisons d'obéir changent, les chefs perdent le pouvoir. La Révolution française éclata moins de dix ans après la première représentation du *Mariage de Figaro* de Beaumarchais. Au cours de celle-ci, un acteur donna cette célèbre réplique : « Qu'est-ce qu'un noble ? Quelqu'un qui s'est donné la peine de naître. » La saillie fit rire quelques comtesses à gorge déployée. Elles en perdront la tête. Dès l'instant où les Français ne croyaient plus aux valeurs fondant le trône, celui-ci était vermoulu. Ce phénomène s'est reproduit au Proche-Orient sous nos yeux. La révolution verte, la nation arabe, le progrès occidental contre l'Occident, toutes ces raisons d'obéir tombèrent. Les dictateurs qui s'appuyaient sur elles tombèrent à leur tour. La répression permet aux chefs délégitimés de gagner du temps. Simple sursis. On peut tout faire avec des baïonnettes, disait Bonaparte, sauf s'asseoir dessus. Une sorte de fluide relie, toujours et partout, dirigeants et dirigés. Ce fluide qui semble sorti d'une lampe d'Aladin s'appelle l'intérêt général.

Les idées passent et démodent les dirigeants. La trahison par les chefs de leurs propres valeurs aboutit au même résultat. Néo-destourien ou baasiste, le pouvoir des raïs reposait sur un idéal de justice sociale. Dès lors, comment les Tunisiens et les Égyptiens auraient-ils pu tolérer que leurs premières dames confondent les caisses de l'État avec leur porte-monnaie ? Le chef est contraint par les valeurs qui l'ont fait roi. Ces valeurs fondatrices le tiennent. Le pape n'a pas le droit de fréquenter les boîtes échangistes ni Lénine celui de spéculer.

Jusqu'à l'avènement du management, le contenu du bien commun avait changé, pas son impérieuse nécessité.

La contradiction fatale du management

Nos managers n'ont-ils pas leurs propres valeurs ? Admettons. Ces valeurs ne sont-elles pas partagées par l'ensemble de la société ? Sans doute. Les patrons du CAC ne respectent-ils pas les mœurs de l'époque ? Soit. La plupart d'entre eux exercent leurs fonctions en toute légalité. Parfait. Aux yeux du plus grand nombre, ces patrons sont légitimes. Grand bien leur fasse. Il y a toutefois un hic. Il y a une lézarde dans le veau d'or. Le système de valeurs managériales recèle une aporie : il érige l'intérêt individuel en loi commune. Gouvernant en leur nom propre, nos managers ne sont pas illégitimes mais inefficaces. Leurs valeurs sont les nôtres, c'est entendu. Nos valeurs étant mobilières, elles n'obligent à rien sauf à vendre si les cours baissent ! Dans notre monde où seuls les droits individuels sont sacrés, on peine à se rappeler que, jadis, l'intérêt collectif primait. C'était l'époque où de Gaulle refusait de recevoir le Premier ministre japonais qu'il considérait comme un vendeur de transistors. Une position dont on peut d'ailleurs interroger le bien-fondé. Depuis, passant d'un excès à un autre, les successeurs du Général se sont transformés en VRP de leur « marque pays ». Désormais, les patrons des multinationales comme Bill Gates ou Marc Zuckerberg sont reçus avec les égards dus à leur statut de grands frères des chefs d'État. On a peine à le croire mais une pancarte était posée à l'entrée du bureau du président Harry Truman. Sur celle-ci, on pouvait lire : « Le pouvoir du dollar s'arrête ici. »

Nos valeurs sont celles du bon plaisir individuel, des cabinets d'avocats et de l'argent roi. Mais qui ira se faire trouer la peau pour défendre les fonds de pension ? Nul n'obéira de son plein gré pour satisfaire l'ego d'un narcisse. Croire que les gens peuvent obéir, non pas contrairement à leurs intérêts (le sacrifice des soldats rappelle que les hommes peuvent faire preuve d'une abnégation totale), mais au service d'intérêts qui leur sont étrangers, confine à la plus confondante naïveté.

À l'ère des Silvio Berlusconi et des Rupert Murdoch, ceux qui vivent égoïstement font école. Pas de vertu. Mais assurément de puissance. Le pouvoir aujourd'hui consiste à faire ce qui me plaît. « Fais ce que voudras » : la devise de l'abbaye de Thélème est aussi celle de nos maîtres. À cet égard, contraints de faire mine de servir l'électeur, les politiques sont moins bien lotis que les molochs des multinationales.

À droite comme à gauche, les projets collectifs, paravents mités, dissimulent mal l'envie de jouir du pouvoir. Idées et programmes comptent pour du beurre. Ne subsiste que le tout-à-l'ego. Copé *vs* Fillon. Aubry *vs* Royal. Hollande *vs* Sarkozy. Pepsi *vs* Coca. L'ambition est une noble passion. Mais les ambitieux d'aujourd'hui ne sont guidés par aucun idéal. Notre société justifie ce mépris des idées par son rejet des idéologies. Nous confondons idéologie et idées. L'idéologie est mépris du réel et culte frénétique d'une idée fixe. Les idées, jugeant le monde, s'efforcent de l'ordonner et de lui donner sens. Sans idées, l'action collective est dépourvue de finalité. Paradoxalement, notre mépris des idées confine à l'idéologie.

Sarkozy avait du bagout, de l'énergie et du caractère. Recensons le nombre de fois où il disait « je », « moi » où il parlait de lui-même, où il se mettait en scène, tirant la couverture à lui. Devenu chef de l'État, incapable de comprendre que le « roi ne venge pas les injures faites au duc d'Orléans », il poursuivit Dominique de Villepin. À peine a-t-il quitté ses fonctions qu'il est parti « faire de l'argent ». Comme l'Espagnol Aznar s'est transformé en conférencier multicarte ou l'Allemand Schröder s'est mis au service de Gazprom. La force de notre ex-manager d'État résidait d'ailleurs dans sa sincérité.

Un historien[1] relevait ses propos de table : « Il aime Pompidou parce que Pompidou aimait sa femme. (…) Il était humain celui-là (…) Pas comme le Général qui se prenait pour la France. Lui ne se prend pas pour la France, il fait le job et il le fait bien. Il aime sa femme, il va avoir un enfant, il est fier de son fils qui vient d'intégrer une grande école militaire aux États-Unis. Avec lui, il n'y a pas de double corps du roi. Il est un simple particulier qui fait le job. » François Hollande, lui, s'est vanté d'être un président « normal ». Le chef de l'État socialiste évoque davantage la figure de Monsieur Homais que celle des grands héros de l'histoire de France. Avec l'ex de Ségolène Royal, c'est Sully Prudhomme à l'Élysée. Pour Hegel, il ne peut y avoir de grand homme pour son valet de chambre. C'est ce

1. Emmanuel de Waresquiel, « Un déjeuner avec Nicolas Sarkozy », *Libération*, 20 septembre 2011.

côté majordome qui est mis en avant. Jean-Claude Monod a raison : « (...) La télédémocratie attise la montée en puissance de la mise en scène de l'ego des gouvernants et surtout du gouvernant suprême, de sa réussite privée, de ses affaires de cœur, de famille ou de sexe. » On assiste en effet à une montée de l'exhibocratie : « Celui qui possède les plus hautes fonctions (...) n'épouse plus la solennité d'une place qui lui commanderait dignité et devoirs, il présente celle-ci comme un trophée. »

La mégalomanie des patrons new-look est infantile. Un Jean-Marie Messier, par exemple, laissa son entourage communiquer à la presse son surnom J6M, « Jean-Marie Messier moi-même maître du monde ».

Lors des grand-messes d'entreprise ou des meetings, le moi s'étale sur écran géant. C'est un curieux retour du culte de la personnalité. Là encore, les entreprises donnent le *la*. Ce ne sont plus des symboles, des logos ou des slogans que l'on projette et que l'on donne à admirer, ce sont les visages des dirigeants. Comme s'ils n'avaient plus rien à offrir qu'eux-mêmes. C'est aussi la mode du *story telling*, le fait de raconter des histoires sur soi pour édifier les masses. Rodée par les grands patrons américains, la technique a été reprise par les politiciens. Aujourd'hui, pour entraîner ses subordonnées, un dirigeant raconte sa vie. Voici ce que cela peut donner[1] : « Est-ce que t'es à fond ? interroge Thierry L., président de Communication Hyperactive. Moi, je suis à fond en tout cas. J'ai quarante ans et je fais le marathon de Paris ! J'ai plein d'idées. Je fais plein de choses. Ça va cartonner cette année. »

1. Alexandre des Isnards et Thomas Zuber, *op. cit.*

L'intérêt général oblige les chefs

S'il n'y a rien au-dessus des individus, comment peut-il y avoir une loi ? « Cet exhaussement qui doit dépersonnaliser l'obéissance comme le droit de commander, interroge Régis Debray[1], n'est-il pas la raison d'être de la loi ? »

Si nos leaders dirigent pour eux-mêmes, pourquoi devraient-ils faire semblant ? Pourquoi les maîtres devraient-ils continuer à donner l'exemple ? Quel que soit son fond, tout intérêt général revêt les mêmes formes. Les exemples changent mais l'exemplarité demeure.

Les managers exaltent l'appât du gain. Sur ce chapitre, reconnaissons-leur une certaine cohérence. Nos imprudents prêchent le risque, la concurrence, le mérite. Là, le bât blesse. Les parachutes dorés froissent la « risquophilie » vantée par le Medef. La connivence de petits cercles se cooptant au sein des conseils d'administration nous éloigne de la concurrence. Que le meilleur gagne, ressasse le modèle managérial. Sauf lorsque le meilleur peut prendre la place du fils du président ! Dans les ministères, à l'Epad ou à la tête des grandes entreprises, népotisme et réseautage ne se remarquent même plus. Et comme le révèle l'enquête que Frédéric Teulon a consacrée à ce phénomène des FFD, les « fils et filles de[2] », la honte ne constitue plus un frein au favoritisme. Lorsque le fils rate un

1. Régis Debray, *Loués soient nos Seigneurs*, *op. cit.*

2. Frédéric Teulon, *Les FFD, la France aux mains des Fils et Filles de*, Bourin éditeur, 2005.

concours, le père, comme ce fut le cas d'Alain Minc, décroche son téléphone pour appeler les dirigeants d'une grande école. Les principes que cultivent les managers s'arrêtent là où commence leur intérêt personnel.

Arnaud Lagardère, par exemple, passe régulièrement des semaines loin de ses bureaux. Au printemps 2011, le successeur de son père s'affichait, quinze jours durant, dans les tribunes de Roland-Garros, au bras de sa compagne. Le manager moderne ne prend pas même le temps de saluer les invités VIP aux tables du groupe Lagardère louées à grands frais. Plus tôt, le fils à papa aura complaisamment posté une vidéo sur Internet dans laquelle on le voit en caleçon, entouré d'ours en peluche. Le poussah entendait peut-être faire savoir à tous qu'à ses yeux la totale maîtrise se confondait avec le plus complet je-m'en-foutisme. À Nicolas Sarkozy qui l'interrogeait sur ses ambitions présidentielles, Dominique Strauss-Kahn affirme avoir fait cette édifiante réponse[1] : « À l'Élysée, tu as 80 % d'emmerdements, 20 % de trucs passionnants. Moi, au FMI, c'est l'inverse. »

À Sciences-po, établissement dont les principales ressources sont publiques, les dirigeants refusaient d'embaucher des intérimaires pour soulager les assistantes surmenées car « cela coûte trop cher ». En revanche, le conseil d'administration se partageait 300 000 euros de primes. Ayant épousé l'une de ses collaboratrices, l'ex-directeur Richard Descoing n'avait pas hésité à la promouvoir. Les chefs gèlent nos salaires mais augmentent les leurs. L'ancien président français

1. « Qu'on me laisse tranquille ! », interview de Dominique Strauss-Kahn, *Le Point*, 10 octobre 2012.

avait infligé plusieurs plans de rigueur à ses concitoyens mais lui-même s'était octroyé 172 % d'augmentation. Tout chef donne l'exemple, non par vertu mais par fonction. C'est le « job » qui veut ça. Pour entraîner, il ne faut pas dire « en avant » mais « suivez-moi ! ». « Les Troyens chargent en masse. Hector est à leur tête, qui fonce furieux » *(L'Illiade).* Homère savait ce qu'ignorent les marchés : un chef ne se planque pas. Ce qu'il exige, il le doit au centuple. À Andrinople, en 378, l'empereur Valens mourut de ses blessures. En 48 avant Jésus-Christ, César faillit périr les armes à la main. Un chef qui donne l'exemple peut tout demander, un chef qui s'y refuse abîme son autorité. Et comme le rappelle Claude Lévi-Strauss[1], cette vérité est universelle : « Quand, aux environs de 1560, Montaigne rencontra à Rouen trois Indiens brésiliens ramenés par un navigateur, il demanda à l'un d'eux quels étaient les privilèges du chef ; et l'indigène, chef lui-même, lui dit que "c'était marcher le premier à la guerre". »

Dans les armées, on évoque la règle des trois « comme » : diriger comme on voudrait être commandé ; obéir comme on voudrait être obéi ; servir comme on voudrait être servi. Les managers, eux, fondent leur pouvoir sur trois contradictions : ils demandent à leurs troupes de faire ce qu'ils se refusent à faire, de le faire contre leur intérêt et, enfin, de l'accomplir dans le seul intérêt des chefs.

Les dirigeants sont contraints d'être des modèles. Non qu'ils soient toujours vertueux mais parce qu'ils sont toujours observés. Jusqu'à une époque récente, on s'attendait à ce que la fonction rende les responsables

1. Claude Lévi-Strauss, *Tristes Tropiques*, Plon, 1955.

meilleurs ou, en tout cas, qu'elle les contraigne à dissimuler, à brider ou à retenir leurs vices ou leurs défauts.

Affaire de Panamá ou fin joyeuse du président Faure, les scandales ne datent pas d'hier. Le stupre et l'or ont toujours fait bon ménage. Il y a, aujourd'hui, la même proportion de fripouilles et d'honnêtes hommes, de sobres et de noceurs. Ce qui a changé, c'est que les dirigeants ne s'obligent plus à incarner des principes. Mitterrand n'était pas moins porté sur le beau sexe que Strauss-Kahn. Mais le chef d'État n'a jamais montré la même impudence. Cynique, Mitterrand avait encore du métier. Un soir, Jacques Séguéla voulut le raccompagner. En apercevant le véhicule tape-à-l'œil (une Porsche, déjà !), celui qui n'était que Premier secrétaire du PS prit un air outragé et déclina l'invitation. Tartufferie ? Non, savoir-faire. Le futur président comprenait qu'assumer le pouvoir, c'est le personnifier. Jadis, les leaders savaient qu'ils ne conserveraient leurs avantages qu'en faisant leur devoir. Même les monarques de droit divin étaient conscients que régner créé des obligations, y compris et peut-être surtout à l'égard des plus humbles. Nous en retrouvons les traces dans l'architecture de Paris avec ces trois superbes monuments, qui sont aussi trois hôpitaux, les Invalides, la Pitié-Salpêtrière et le Val-de-Grâce, destinés respectivement aux soldats blessés, aux filles de joie et aux nécessiteux. De Louis XIV à Obama, que l'on mesure le chemin parcouru : les amputés ayant servi le premier étaient soignés aux frais de l'État, sous la coupole dorée des Invalides, tandis que les seconds ont tout intérêt à avoir souscrit une assurance privée.

CHAPITRE 5

L'esprit d'indécision

> « Je ne demande pas (et je ne souhaite pas) que cet homme soit un soldat. Mais je demande qu'il ait l'esprit militaire, c'est-à-dire le courage de choisir et le courage de commander. »
>
> André MAUROIS.

Robert McNamara, alors chef du Pentagone, assura au président Kennedy que la guerre du Vietnam serait gagnée en six mois : ses ordinateurs l'avaient prédit. Oubliant que toute entreprise s'expose à la contingence, nos managers commettent la même erreur.

Guerrière ou commerciale, technologique ou humanitaire, toute action est marquée du sceau de l'imprévisibilité. Aucun plan de bataille, affirmait von Moltke, ne survit jamais au contact de l'ennemi.

Un chef décide. Or, décider, ce n'est ni gérer ni appliquer des méthodes toutes faites.

Décider est angoissant

Lorsqu'une décision s'impose, un technicien suffit à la prendre. Lorsqu'une décision doit être emportée, imposée aux autres ou aux événements, un chef doit surgir. Septembre 1915, en Champagne. Le lieutenant Ernst Jünger[1] commande une section. « L'obus avait touché l'entrée du petit cimetière (…). Pour la première fois, je connus cette seconde où il faut répondre à un événement imprévu par une décision. À gauche, gauche, égaillez-vous, en avant, marche ! » Ce qu'il y a de plus irréductible dans la décision tient dans cette seconde. La décision véritable est toujours cause originelle. « L'homme d'action, écrit André Maurois[2], se trouve au bord d'un abîme obscur, où s'agitent les formes vagues et encore inconsistantes de l'avenir, formes qu'il lui appartient, si vraiment il le veut, de sculpter. » Pour Kojève[3], l'autorité appartient à ceux qui prennent l'initiative : « Une bande de gamins se réunit pour jouer. L'un d'eux propose d'aller voler des pommes dans le verger voisin. Immédiatement, et par cela même, il se constitue chef de bande. Il l'est devenu parce qu'il a vu plus loin que les autres, qu'il était seul à avoir conçu un projet (…). » Décider, c'est vouloir qu'advienne ce qui aurait pu ne pas advenir. Décider, c'est accepter d'entraîner des conséquences imprévisibles, heureuses ou terribles. Par temps calme, décider c'est encore risquer. Aujourd'hui, ses affaires sont flo-

1. Ernst Jünger, *Orages d'acier*, Christian Bourgois Éditeur, 1970.
2. André Maurois, *Dialogues sur le commandement*, Grasset, 1924.
3. Alexandre Kojève, *op. cit.*

rissantes et un P-DG rachète un concurrent. Sans le savoir, il vient peut-être de sceller le sort de son entreprise. Décider, c'est accepter de jouer sans connaître toutes les cartes.

Un chef se trouve fréquemment placé devant plusieurs chemins sans pouvoir discerner lequel sera le bon. Il doit avancer. Un responsable est confronté à un dilemme, aucune voie n'apparaît souhaitable, il doit choisir. La seule décision à prendre sera la « moins mauvaise ». En matière de commandement, cette morale du moindre mal, chère aux jésuites et oubliée par notre politiquement correct, est parfois la seule praticable. Le chef, parce qu'il est chef, doit trancher. Nous touchons ici au cœur de la fonction de direction, à ce qu'elle possède de plus essentiel. Patron de PME ou chef de l'État, le numéro un doit encore et toujours décider.

En prenant leurs fonctions, certains leaders présentent un visage grave. Le pouvoir vieillit. On s'en étonne à tort. Décider peut se révéler redoutable. Être chef, c'est souvent passionnant, parfois écrasant. « Je redoute plus que tout le moment où je vais devoir endosser la charge de l'État », écrivait Clemenceau[1] aux pires heures de la Grande Guerre, quelques jours avant d'être élu président du Conseil.

Le facteur humain, ingérable par nature

En tant qu'individus, nous portons une histoire personnelle, une identité singulière qui nous distingue des

1. Jean-Denis Bredin, *Clemenceau*, Fayard, 1994.

milliards d'autres êtres humains. Nous-mêmes, nous ne nous comprenons qu'imparfaitement : comment pourrions-nous comprendre autrui ? Nos réactions demeurent imprévisibles et non modélisables. Le facteur humain rend ainsi la décision complexe et anxiogène. En donnant un ordre, un chef n'est jamais certain qu'il sera bien appliqué. À Waterloo, le retard de Grouchy précipita la défaite.

Si le comportement des subordonnés est difficile à maîtriser, celui des adversaires ou des concurrents est souvent encore plus imprévisible. Cette incertitude est insupportable au manager.

On aura beau se renseigner sur ses intentions, on ne sera jamais certain de deviner ce que l'autre fera. Espionner ne garantit pas que l'information collectée soit la bonne. En 1940, les Allemands firent croire à l'armée française qu'ils allaient attaquer par le nord (le IIIe Reich envahira la Hollande et la Belgique pour accréditer cette thèse) tandis que les panzers s'engouffraient à l'est, par les Ardennes. « Toute l'affaire de la guerre, et même de l'existence, disait le duc de Wellington, c'est de trouver par l'action ce que l'on ignore encore ; c'est ce que j'appelle "deviner ce qu'il y a de l'autre côté de la colline". »

L'avenir n'existe pas encore

Décider est angoissant car l'avenir demeure imprévisible. De la chute du mur de Berlin aux révolutions arabes, en passant par l'effondrement des tours jumelles, l'histoire est pleine d'événements inouïs dont les contemporains, la veille qu'ils se produisent, croyaient qu'ils étaient impossibles. Le 14 juillet 1939, l'armée française, première armée du monde, défilait sur les Champs-Élysées. Un an plus tard, la soldatesque nazie battait de son sinistre pas le pavé parisien.

Seules certitudes dont nous disposions : l'avenir reste ouvert et les prévisionnistes se trompent. Dans le superbe film mettant en scène la geste de Lawrence d'Arabie, ce dernier, au sortir d'une tempête de sable, remarque que l'un de ses hommes est resté en arrière. Fataliste, l'un de ses compagnons dit : « Il s'est perdu, *inch Allah*, c'était écrit ! » L'Anglais fouette sa monture et part à sa recherche. En le ramenant, l'espion de Sa Majesté lâche : « Rien n'est écrit ! »

Niant l'imprévisibilité de la nature humaine comme ils nient celle de l'avenir, les managers ont sécrété un monde formel, plein d'idées toutes faites, rempli d'indicateurs et de reportings, dans lequel tout leur paraît maîtrisable et prédictible. En ce sens, le management renoue avec le « mektoub » (« c'est écrit »), véritable péché originel de l'islam.

Les études marketing

À partir de sondages, de panels représentatifs et de savantes statistiques, les études de marché sont censées supprimer toute incertitude. Anticipant ce que veulent les clients, étudiant l'offre des autres firmes, le marketing formule des recommandations précises en matière de prix, de produit et de packaging. Le marketing intègre quantité de paramètres sociologiques, démographiques ou culturels. Son apport est réel. Avant de lancer un nouveau produit, le manager s'efforce de tester l'accueil qui lui sera réservé. La pente du manager le porte à fonctionner à coups de précédents, à dupliquer, à copier, à reproduire, à croire que ce qui a marché ici marchera là. Les enquêtes donnent aux managers l'illusion de savoir ce que pense et ce que veut le consommateur ou l'électeur.

Se reposant sur cette expertise, le management néglige le caractère viral de la nature humaine. À une même question, dans un contexte légèrement différent, un sondé répondra blanc puis noir. Le formatage d'un programme électoral ou d'un produit peut se révéler contre-productif. La plupart du temps, sans doute par esprit de contradiction, les électeurs votent contre les sondeurs.

Ainsi assiste-t-on à une standardisation des biens et des services. La plupart des entreprises reprennent ce que font leurs concurrents. Parce que toute œuvre est un prototype, l'industrie du divertissement (qui n'est donc plus un commerce de la culture) illustre cet écrasement de l'imagination par le marketing. Aujourd'hui, combien de films, de livres, de chansons sont autre chose que des reprises, des copiés-collés ou des resucées ? Comment prévoir le succès de ce qui n'a jamais existé et qui a besoin de temps pour s'imposer ? « Si j'avais demandé aux gens ce qu'ils voulaient, prévenait Henry Ford, je leur aurais vendu des chevaux plus rapides ! » Le management pille les audaces d'un passé dans lequel des chefs prenaient des risques.

Le conformisme des modèles

Sous prétexte de minimiser sa marge d'erreur, le management corsète le dirigeant, l'enferme dans des rets et limite ses initiatives. Les managers dirigent en appliquant des modèles. On désigne généralement ces modèles du nom de leurs inventeurs, qui sont des professeurs, comme Igor Ansoff, ou des cabinets de consultants.

La roue de Deming est l'un de ces schémas réducteurs. Représentée sous forme d'un graphique divisé en quatre compartiments, la roue de Deming est censée jauger n'importe quel produit, dans n'importe quelle entreprise. Créée par le cabinet Boston Consulting Group, la matrice BCG sert à définir une stratégie au sein d'un portefeuille d'activités. Les activités sont réparties selon leur poids et leur progression potentielle en « *cash cows* » (« vaches à lait » hyper lucratives), en « *dogs* » (« poids morts »), en « *stars* » (« produits phares ») ou en « *question marks* » (« dilemmes »). La matrice BCG postule une sélection darwinienne des produits, les « *stars* » d'hier étant condamnées à devenir les « *dogs* » de demain. Appliquée par des entreprises de conseil qui ne connaissent rien à un marché comme celui du jouet, cette matrice a incité les dirigeants de Lego à se détourner de leurs produits phares, les jeux de construction, en se lançant dans une délirante politique de diversification. Résultat : la célèbre firme danoise faillit péricliter !

Conçu par un ingénieur devenu professeur à Harvard, le modèle de Porter décrit comment une entreprise peut obtenir un avantage face à ses concurrents. La matrice SWOT, élaborée par quatre professeurs de Harvard dans les années 1960, est mise à toutes les sauces. De l'anglais « *strenghts* » (forces), « *weaknesses* » (faiblesses), « *opportunities* » (opportunités) et « *threats* » (menaces), il s'agit, là encore, d'un schéma soi-disant adapté à toutes les entreprises, voire à toutes les institutions. Ces modèles permettent aux managers qui débarquent dans une firme de simplifier les problèmes et d'imposer des solutions « clés en main ».

« Les consultants, explique Franck Frommer[1], utilisent couramment une technique rédactionnelle conçue par Barbara Minto, ancienne consultante chez McKinsey. Cette méthode, appelée pyramide de Minto, arborescente et inductive, permet aux consultants de construire une argumentation sur tout type de projet. Cette technique à la fois très mécanique et visuelle ne souffre aucun écart ni accommodement. » D'après George Patton, l'un des plus grands officiers de l'histoire des États-Unis, « un dirigeant est quelqu'un qui adapte ses principes aux circonstances ». Entre Minto et Patton, l'un des deux se trompe.

Compter plus pour décider moins

Autre idée rigide et moutonnière du manager, la réduction systématique des coûts. Pourtant, le prix n'est jamais le seul paramètre à considérer. Même dans le cas des matières premières, qualité et sécurité de l'approvisionnement jouent un rôle essentiel. Une firme de luxe qui, pour augmenter ses marges, délocaliserait sa production artisanale risquerait de couler. Qu'importe, de grandes enseignes désertent les campagnes italiennes pour les sinistres banlieues chinoises. « Combien cela coûte, combien cela rapporte ? » En répondant à sa question fétiche, notre manager croit décider. En chaque manager sommeille un harpagon.

1. Franck Frommer, *op. cit.*

Avec l'arrivée aux commandes d'une génération formée à ce réflexe conditionné, les maisons d'édition quittent, les unes après les autres, le VIe arrondissement de Paris pour des locaux plus abordables. Déménager permet de réaliser des économies, alors déménageons ! Le même raisonnement pousse les rédactions, les établissements publics ou les écoles et les universités à s'éloigner de la capitale. Mais qui peut calculer les effets de la proximité géographique avec le pouvoir ?

De même qu'il existe des coûts cachés, il peut y avoir des gains cachés. Le management ne croit que ce qu'il mesure. Comme l'écrivent Nicole Aubert et Vincent de Gaulejac, « un risque de quantophrénie aiguë (la maladie de la mesure) guette tous ceux qui, au lieu de mesurer pour mieux comprendre, ne veulent comprendre que ce qui est mesurable ».

C'est en cédant à cette sirène de la réduction des coûts que Carrefour s'est retrouvé dans le rouge. Un journaliste qui a enquêté sur les déboires de ce fleuron français de la grande distribution explique : « On a voulu plaquer le modèle de l'anglais Tesco, extrêmement centralisé, sur la culture de Carrefour, extrêmement décentralisée. (…) Le problème de Carrefour, c'est qu'on a appliqué des recettes d'industriel au lieu de prendre des décisions de distributeur (…) Les coûts ont été ainsi coupés à l'aveugle : en réduisant les assortiments, Carrefour s'est retrouvé avec une offre moins riche, et des magasins moins attractifs. De la même façon, les stocks ont été tellement diminués que cela a fini par provoquer des ruptures d'approvisionnement, qui ont atteint en 2011 des niveaux extravagants[1]. »

1. « Georges Plassat doit reconstruire Carrefour », *Le Monde*, 3 avril 2012.

On impute le retard pris par EADS dans la construction de son Airbus A 380 à la mise en œuvre systématique d'un management par objectifs quantitatifs d'économies et le recours systématique à la sous-traitance.

L'explosion de la plateforme BP dans le golfe du Mexique, qui a coûté la vie à onze salariés et qui a ravagé les côtes de la Louisiane, a été causée par l'utilisation de béton de mauvaise qualité pour couler les puits. À force de vouloir économiser de petites sommes, les managers perdent des montagnes d'argent.

On a rappelé la préférence des managers pour le chômage, leur tendance à sous-traiter et à délocaliser. Cette mode est tellement contraignante que l'on apprenait dans les colonnes du *Monde* qu'un patron avait fait croire à son conseil d'administration qu'il allait délocaliser, tout en se gardant de le faire. Le réflexe consistant à faire appel à des entreprises chinoises « parce qu'elles sont moins chères » est tellement pavlovien qu'en 2012 le ministère français de la Défense[1] achetait des avions d'entraînement plus cher à un fabricant chinois alors qu'une entreprise française en produisait à meilleur marché et surtout de technologie plus sophistiquée et plus sûre !

---

1. EADS qui a remporté l'appel d'offres du ministère de la Défense va acheter des avions chinois (Cirrus SR20/22) rachetés aux Américains. Le fait est déjà surprenant, mais le plus scandaleux est qu'une offre existe en France, l'APM 40 SIMBA, fabriqué par une entreprise à la pointe de la technologie, Issoire Aviation, et beaucoup plus performant et moins onéreux.

ROI et Yield Management

Notre manager ne perd jamais de vue sa ligne bleue d'un retour sur investissement, un ROI, à 15 %. C'est pourquoi les procédures managériales appliquent souvent sans discernement des méthodes dites de comptabilité fine telles que le Yield Management[1].

De quoi s'agit-il ? D'abord de collecter le plus d'informations possible sur les clients, sur leurs attentes et sur leurs habitudes ainsi que sur les ventes. Généralement, cette collecte de données s'opère au moyen de logiciels destinés à traquer les clients appelés CRM (« *customer relationship management* » ou management de la relation client). Ensuite, sur la foi de ces données, il s'agit d'adapter l'offre tarifaire (politique de *pricing*) et son contenu (politique de segmentation) en planifiant la stratégie commerciale, en proposant des promotions pour fidéliser certains clients. C'est en ayant recours à ce genre de techniques qu'avions ou hôtels font le plein en périodes creuses. À la SNCF, le Yield Management explique les wagons réservés aux fêtards, aux accros des jeux vidéo ou aux parents, ou encore le développement des services « haut de gamme » réservés à une clientèle privilégiée. Ceux qui voyagent fréquemment et en première classe auront ainsi droit à des aires de repos équipées de wifi et se verront proposer des massages tandis que la piétaille s'entassera dans des salles d'attente de plus en plus exiguës. La mise en œuvre du Yield correspond à l'abandon d'une politique commerciale que l'on pourrait qualifier de démo-

1. Jean-Jacques Cariou, *Dictionnaire de marketing*, BPI, 2005.

cratique, consistant à traiter avec autant d'égards un client fortuné qu'un consommateur désargenté. « Le YM comprime les coûts, permet l'efficacité, augmente la marge bénéficiaire, gère la saturation de l'espace de vente et les flux des clients, dote l'entreprise de processus proactifs et d'outils pertinents d'aide à la décision[1]. » Le YM est aussi à l'origine de l'invraisemblable complexité d'offres tarifaires variant d'une heure à l'autre, d'un tronçon à l'autre, sur une même ligne. Le YM explique enfin la pollution de nos boîtes aux lettres par d'incessantes offres « ciblées » et les innombrables enquêtes de satisfaction que l'on vous propose de renseigner à tout bout de champ.

Du côté du consommateur, l'installation d'une « culture client » se paye de diverses intrusions et de l'impression d'être piégé par le marketing. Pour les salariés, le travail devient extrêmement contraignant. Subissant les sollicitations incessantes de la hiérarchie, ces derniers tendent à devenir les servants des machines qui collectent les données clients.

Les joies de la RGPP

Le temps consacré à « reporter » est parfois bien plus long que celui passé à conquérir de nouveaux clients. À ce propos, un jeune consultant note[2] : « C'est dingue ce que cela me prend comme temps. Ils devraient ouvrir un lot timesheet pour remplir son timesheet. »

---

1. « Les déterminants de l'orientation Yield management », *Revue française de gestion*, numéro 207, 2010.
2. Alexandre des Isnards et Thomas Zuber, *op. cit.*

Le secteur public a importé à travers cette manie du « combien ça coûte » une réforme des procédures financières de l'État instaurant une Révision générale des politiques publiques (ou RGPP). Inspirée des méthodes managériales, la RGPP soumet toute dépense à des critères de rentabilité. Pour rendre les dépenses administratives « mesurables et limpides », Bercy a élaboré 1 347 indicateurs quantitatifs ! Une journaliste du *Point*[1] commentait en ces termes cette redoutable invention de la technocratie française convertie au management : « Un texte d'une complexité échevelée où la "fongibilité asymétrique" permettra à un rbop (prononcer reubop) de ventiler ses CP (crédits de paiement) sans perdre de vue son AE (autorisation d'engagement)[2] ! »

Aucune action publique n'échappe à la RGPP. Fonction publique nationale et territoriale, hôpitaux, prisons, piscines, police, diplomatie, services sociaux, tout est évalué, tous les budgets sont soumis à la diète. Et lorsque la RGPP ne suffit pas, les « *cost killers* » des grands cabinets (McKinsey, Accenture, Deloitte) sont appelés en renfort par l'Inspection générale des finances afin de soumettre tous les services publics à une logique de performance.

La RGPP signe l'importation des délires managériaux au cœur de l'État, une contamination résumée d'un sigle : la JPE, soit la « justification au premier euro » ! Si Louis XIV, Jules II ou Ramsès II avait

1. Marie Sandrine Sgherri, « Lolf Story », *Le Point*, 11 août 2005.

2. Ce concept nébuleux autorise l'affectation d'une économie réalisée sur la masse salariale à une dépense de fonctionnement, mais interdit l'inverse : il est ainsi impossible de rogner sur la photocopieuse pour embaucher un agent.

connu la RGPP, Versailles, le Vatican ou les pyramides de Gizeh n'auraient jamais été construits. Trop cher, pas rentable.

Même en entreprise, il est parfois préférable d'accroître les recettes plutôt que de limiter les dépenses et, pour ce faire, il peut se révéler utile de prendre des risques qui paraîtront inconsidérés aux petits hommes gris du contrôle financier. Même en entreprise, diriger n'est pas compter.

Un manager réduit toutes ses décisions à l'argent. Pour lui, il s'agit de vérifier constamment si chacun de ses faits et gestes demeure rentable. Pour cela, des objectifs financiers annuels aussi appelés « *Balance Score Cards* » ou BSC (tableaux de bord prospectifs[1], en français) sont fixés par le top management. Les célèbres *KPi* (« *Key Performance Indicators* », c'est-à-dire les « indicateurs clés de performance ») dérivent eux-mêmes des BSC. Ces voyants financiers sont sans arrêt consultés par les managers. Leur maintien au beau fixe voire leur amélioration constituent une véritable obsession pour l'encadrement. Grâce aux « *KPi* », le court terme engloutit le long terme. L'échelle annuelle ne suffit pas à satisfaire l'inextinguible soif de chiffres des managers. Ils mettent en place des bilans semestriels, mensuels, parfois même hebdomadaires.

Le contrôle de gestion moderne a doté les managers du monde entier d'outils d'aide à la décision qu'ils appellent des tableaux de bord. Grâce à eux, le manager actionne son contrôle financier automatique. Ses

1. Voir à ce sujet *Le Tableau de bord prospectif*, de Robert Kaplan et David Norton, Éditions d'organisation, 2003.

chiffres lui disent quoi penser et quoi faire. Comme ceux fournis par le marketing, ces outils isolent de la réalité. Nos managers oublient que les chiffres quotidiens peuvent être bons et l'entreprise faire faillite à la fin de l'année. Perdant de vue que le cours de Bourse doit refléter la santé réelle de l'entreprise, certains managers n'hésitent pas, pour faire monter les cours, à racheter leur propre action, à renoncer à investir, à débaucher ou à s'endetter pour racheter d'autres firmes. Ils confondent le symbole et la chose, le signifiant et le signifié.

Tout gros tout beau !

La réduction systématique des dépenses s'appuie sur une autre idée reçue, la quête obsessionnelle d'économies d'échelle. Le but reste le même, minimiser les coûts pour maximiser les gains. Le management applique l'adage « Tout gros tout beau ». À ses yeux, rester petit sur son marché est incongru et cela constitue une faute de goût. La littérature managériale recommande de faire nombre. Sitôt nommé, le patron « moderne » n'a donc plus qu'une idée en tête : « Quel concurrent racheter ? Quelle alliance nouer ? » À la fin des années 1980, la folie des « Fusac », les fameuses fusions-acquisitions, s'est emparée des « marchés ». Cette fièvre n'est jamais retombée. Pourtant, selon Martin Skora, professeur à la Wharton School of Management, un tiers des fusions seulement atteignent leurs objectifs tandis qu'un tiers se révèlent décevantes et que le dernier tiers relèvent de l'échec.

Si vous émettez le moindre doute à propos de l'utilité d'atteindre une masse critique, votre interlocuteur vous assène un argument qu'il croit définitif : « À l'heure de la mondialisation, il faut être visible, donc être gros ! » Dans l'automobile ou l'aérospatiale, l'argument porte car les coûts de production, les coûts de recherche et développement ou d'entrée sur le marché, sont croissants et prohibitifs. En revanche, rien n'empêche une micro-agence de publicité de rester profitable. Diriger, c'est encore et toujours s'adapter.

Se concentrer sur son métier de base

La recherche d'une taille critique mondiale suit une autre idée fixe du management : concentrer l'entreprise sur son métier de base. Depuis les années 2000, tous les journalistes posent la question aux grands patrons : « Quel est votre cœur de métier ? » Bolloré fait fructifier un conglomérat de sociétés n'ayant rien à voir les unes avec les autres. À l'inverse, Areva s'est heureusement concentrée sur sa filière d'excellence.

L'irrésistible succès de l'expression « métier » rappelle que, lorsque la réalité manque, le mot se répand. Moins on enseigne l'histoire, plus on célèbre le devoir de mémoire. Plus des managers interchangeables appliquent partout les mêmes méthodes, plus ils prétendent se concentrer sur leur « métier ».

Le management ignore les particularités de chaque secteur et méprise les contraintes géographiques ou culturelles. Les Américains éloignent les universités des centres-villes. Outre-Atlantique, l'espace est bon marché. En s'installant au milieu de nulle part, les étudiants américains profitent d'infrastructures sportives et de logements et partent en avion vivre loin de leurs familles. Les jeunes Français, eux, habitent le plus longtemps possible chez leurs parents et utilisent les transports en commun. Notre tradition concentre l'enseignement et la recherche dans les centres-villes. La fac américaine[1] rêve de thébaïdes isolées. N'ayant cure de ces différences, le management suiviste regroupe les centres d'enseignement supérieurs en rase campagne pour créer des campus « à l'américaine ». Ce que firent deux institutions pilotes dans la diffusion du management, HEC et l'INSEAD, en s'installant respectivement à Jouy-en-Josas et à Fontainebleau. Ces deux écoles seraient encore plus puissantes si elles étaient en centre-ville.

Une mode managériale peut en cacher une autre

Le management est fondé sur des doctrines mais il en change souvent. « Les modes et marottes de management, écrit Carol Kennedy[2], surgissaient à tout bout de champ (...) difficile de distinguer celles qui ne feraient que passer de celles qui dureraient. Hugh Macdonald, qui fut professeur au MIT et à la Cranfield

1. En Amérique, il convient de former les élites en les éloignant des turpitudes des centres-villes. Par ailleurs, les campus excentrés ont été créés à une époque de pétrole bon marché. Au contraire, dans la vieille Europe, une tradition universitaire qui remonte au Moyen Âge place les centres de formation au cœur des cités.

2. Carol Kennedy, *Toutes les théories du management*, Maxima éditeurs, 2008.

School of Management, a calculé à ce sujet que la durée de vie moyenne d'une nouvelle théorie de management avoisinait les onze-douze ans : naissance dans des publications universitaires puis imprimatur de la Harvard Business Review suivi de la publication d'un best-seller et parachevé par une série de séminaires et de conférences construite autour d'un lucratif commerce. »

Se concentrer sur une seule activité, l'antienne managériale des années 2000, a remplacé un autre pont aux ânes des années 1990 : ne pas mettre tous ses œufs dans le même panier. C'était l'époque des racheteurs. C'étaient les riches heures d'un Bernard Tapie qui multipliait les coups, s'emparant un jour de Terraillon, le lendemain d'Adidas. En ce temps-là, les best-sellers de management glosaient sur la diversification. Puis l'heure a sonné où tout patron d'un certain rang se devait d'investir les nouvelles technologies et les médias. Ceux qui maîtriseront tuyaux et contenus deviendront rois du pétrole, expliquaient les gourous. En s'appuyant sur ce type de raisonnement à l'emporte-pièce, le dieu de la nouvelle économie en personne, Jean-Marie Messier, faillit ruiner la Générale des eaux rebaptisée Vivendi. Il fallait du talent pour ruiner un quasi-monopole ! Avalant tout ce que la France et bientôt la planète comptaient de journaux, magazines, sociétés de cinéma, allant jusqu'à acheter, à prix d'or, plusieurs studios hollywoodiens, l'ancien directeur de cabinet d'Édouard Balladur n'en manqua pas. De manière aussi systématique qu'il avait recommandé la diversification, le management préconisa la concentration sur une seule activité.

Autre lubie du début de la décennie 2000, le management incita les enseignes à se lancer dans le luxe. Brouillant son image de discounter, Carrefour s'est précipité dans une stratégie « CSP + » avec les Carrefour Planets, des concept-stores haut de gamme nécessitant de lourds investissements. Spécialisée dans le textile bas de gamme et bon marché, la firme Tati s'était mis en tête de devenir un bijoutier de luxe en ouvrant des boutiques Tati Or. Là encore, le dépôt de bilan fut évité de justesse.

Les modes intellectuelles

Mode en lui-même, le management sécrète d'innombrables idées préconçues qui rassurent le manager, en l'invitant à faire ce que font ses pairs. « Croire que l'on est en possession des moyens d'éviter les périls et les surprises des circonstances et de les dominer, écrit le général de Gaulle, c'est procurer à l'esprit le repos auquel il tend sans cesse, l'illusion de pouvoir maîtriser le mystère de l'inconnu. »

Toutes les classes dirigeantes ont été, sont ou seront conformistes. Toutes sécrètent et ressassent des modes intellectuelles. L'homme du 18 juin en savait long sur le sujet. Lui qui passa l'entre-deux-guerres à batailler contre une idée toute faite de l'intelligentsia. Bataille perdue qui conduira tout droit la France au désastre de juin 1940. Pour les haut gradés de l'époque, le conflit de 1914-1918 prouvait que l'artillerie moderne rendait toute attaque suicidaire. D'après eux, la seule stratégie envisageable était défensive, d'où la ligne Maginot. Ce dogme du feu qui tue causa la défaite de

1940. De Gaulle tenta d'expliquer que les canons associés aux moteurs rendaient à nouveau l'attaque souhaitable. Ses théories hétérodoxes furent appliquées. Avec un franc succès. Hélas, par Guderian et par Hitler. De nos jours, les modes intellectuelles restent invincibles.

Reclus dans les salles de réunion climatisées de grands hôtels ou de bureaux qui se ressemblent tous, les managers sont les esclaves de la caverne platonicienne postmoderne. Sur les parois de leur grotte, les ombres ont été remplacées par des slogans creux sur Powerpoint. Mettre en ordre, ranger ce petit univers clos sur lui-même, les managers appellent cela diriger.

La bureaucratie d'entreprise

Le manager hait la bureaucratie et la planification. Mais que fait-il d'autre ? Appliquant les recommandations des petits livres rouges du management, les cadres des multinationales passent leur temps à « schéduler », à établir des cahiers des charges, à écrire des procédures, à programmer et à tenir d'interminables réunions durant lesquelles ils vérifient les étapes franchies et celles qui restent à franchir. Max Weber[1] a montré que tout chef digne de ce nom se heurte toujours à « l'esprit conservateur, à l'immobilisme naturel des fonctionnaires, des légistes, des pouvoirs sacerdotaux ou éthiques, bref aux bureaucraties ».

1. In *Qu'est-ce qu'un chef en démocratie ?*, *op. cit.*

Si vous croyez que le Gosplan[1] est mort, passez donc une journée dans une grande entreprise. Comme au temps de la glorieuse Union soviétique, la réalité prend un malin plaisir à démentir les plans sur la comète. L'audacieuse stratégie concoctée par un grand nom du consulting devra être périodiquement calibrée en fonction de l'épaisseur du réel. Dans les tours de la Défense comme dans celles de Wall Street, on perd copieusement son temps. On mesure mal l'incroyable gâchis lié à cette fausse activité. Quel pourcentage de notre PIB est totalement factice, quelle quantité d'énergie nos managers engloutissent-ils dans ces pitoyables ronds dans l'eau ? Cet univers courtelinesque de livres blancs, de pilotages de projets, de cahiers des charges, de stratégie à trois ans, de *guidelines* passe pourtant pour le maître étalon de la performance.

Le management rallonge indéfiniment la mise en œuvre de la décision. Le recrutement à la mode managériale, par exemple, devient interminable. L'une de mes amies a mis plus d'un an avant d'apprendre que sa candidature n'était pas retenue par une grande firme américaine.

Prolonger le TGV jusqu'à Nice aura pris plus de quinze ans de consultations d'associations de riverains et de conciliabules avec les élus locaux. En cinq ans, la Chine – dont les décideurs sont encore partiellement épargnés par l'esprit managérial – a fait sortir de terre soixante-quinze lignes à grande vitesse. Dans l'atelier du monde, l'absence de démocratie et le mépris des

1. Le régime soviétique adorait la planification de la production et consommait une énergie inouïe à prévoir ce qui allait être produit plutôt qu'à se soucier de le produire réellement.

populations expliquent aussi que la vitesse de décision soit excessive. Cependant, cette vélocité et ce volontarisme contrastent fort avec l'extrême pusillanimité de nos managers.

Les chefs postmodernes ne décident plus rien sans chercher, préalablement, à mesurer l'impact de leurs décisions sur l'ensemble de l'organisation, impact juridique, écologique ou financier. Dans certaines entreprises, on dit : « La décision est prise, la discussion démarre. »

Principe de précaution, principe d'indécision

Dans un univers de plus en plus réglementé, le manager accroît les contraintes. Lors du mémorable épisode d'alerte à la grippe H1N1, de nombreuses entreprises ont ajouté à leurs propres procédures l'impressionnante batterie de mesures préventives gouvernementales. Le management respire le principe de précaution, qui est principe d'indécision. Ne rien décider qui ne soit garanti à 100 % sans risque revient à ne rien décider du tout. Le 6 juin 1944, si le principe de précaution avait existé, les Alliés n'auraient jamais débarqué. En l'absence de toute incertitude, commander devient inutile.

La décision implique le risque. « Un gouvernement, estime Machiavel[1], ne doit jamais compter qu'il ne prendra jamais que des partis bien sûrs : on doit penser, au contraire, qu'il n'en est point où il ne se trouve quelques incertitudes. »

1. Machiavel, *Le Prince*, PUF, 2000, chapitre XXI.

Le paradigme managérial contient un idéal de scientificité et un fantasme de qualité totale. Hélas ou heureusement, la décision parfaite ou la qualité totale n'existent pas. La notion de décision est antithétique de celle de perfection. S'il y a besoin d'un chef, c'est que la direction est souvent floue et ne s'impose pas d'elle-même. Si le *sapiens sapiens* a besoin de chefs, c'est que l'évidence ne suffit pas à le guider. La « bonne décision » s'impose rarement. Dans un monde totalement maîtrisable, les chefs disparaîtraient. Aucune action de l'homme sur ses semblables ne se laissera jamais mettre en équation. Le management consiste précisément à penser que l'encadrement des hommes peut être placé en pilotage automatique.

Un jour, des ordinateurs[1] remplaceront peut-être les commandants de bord, mais les conditions de vol et les paramètres d'un avion sont des réalités physiques mesurables et modélisables, donc prévisibles. Le crash d'un avion d'Air France qui s'est abîmé, le 1er juin 2009, au large du Brésil, rappelle que l'informatisation des commandes peut faire dangereusement écran entre la réalité et celui qui décide. Entrés dans une zone de fortes turbulences, les pilotes ont suivi les instruments défaillants en cabrant l'avion, alors qu'ils auraient dû piquer pour récupérer leur assiette, manœuvre qu'un pilote amateur aurait sûrement réalisée. Hélas, le commandant de bord s'est davantage fié aux machines qu'à son bon sens.

Derrière cette jungle procédurale, on perçoit un immense conformisme destiné à limiter le caractère

1. Airbus est favorable à une telle automatisation tandis que Boeing s'y refuse.

anxiogène de la décision. Or, comme le savent les militaires, « une mauvaise décision est souvent préférable à pas de décision du tout ». À rebours de cette frilosité, Bonaparte disait : « On s'engage et puis on voit ! » Le chef est celui qui franchit les Alpes ou le Rubicon. *Alea jacta est !*

Décider, c'est être courageux

Diriger ne se réduit pas à mettre en œuvre une expertise. Comme l'écrit de Gaulle[1] : « Déduction, induction, hypothèse, l'intelligence embrasse ces variables, les étudie, les met en ordre. Bref, dans l'esprit de l'homme qui doit agir, elle prépare la conception mais ne l'enfante pas. » Toute décision éprouve le courage de celui qui la prend. Utile au chef, le courage physique est assez répandu. Courage intellectuel et courage moral sont, en revanche, rares. Ces deux vertus n'en sont pas moins indispensables à qui dirige.

Le courage intellectuel consiste à penser par soi-même. Le courage moral appartient à ceux qui arrêtent une mesure, même si elle est risquée. Pour ce mammifère de meute qu'est l'homme, aller contre l'avis de ses semblables est contre nature. La plupart des individus ne parviennent pas à s'affranchir de l'opinion d'autrui. Un chef, lui, n'hésite pas à contredire sa base. *Invictus* montre Nelson Mandela désavouant ses partisans qui voulaient supprimer l'équipe blanche de rugby sud-africaine. Le président post-Apartheid savait qu'unifier son pays était plus important que de soutenir ses sup-

1. *Le Fil de l'épée*, Plon, 1932.

porters. Mitterrand[1] que l'on réduit souvent à un pur tacticien sut, par exemple, prendre parti durant la campagne présidentielle de 1981 : « (...) L'opinion majoritaire est pour, eh bien moi (...) je demande une majorité de suffrages aux Français, mais je ne demande pas dans le secret de ma pensée, je dis ce que pense, ce à quoi j'adhère, ce à quoi je crois, je ne suis pas favorable à la peine de mort. »

Le leader doit parfois imposer, parfois composer. « Nous n'irons pas plus loin. Nous voulons rentrer chez nous et retrouver nos familles et notre patrie. » En entendant les doléances de ses Macédoniens, Alexandre, qui les avait conduits jusqu'aux rives du Gange, comprit que le moment était venu de les ramener dans leur foyer. « Je suis leur chef donc je les suis ! » doit parfois reconnaître le commandant.

« Il a toutes les qualités de Nelson sauf une : il ne sait pas désobéir ! », dira un ministre anglais d'un amiral de valeur. Le chef doit avoir du caractère et être capable d'ignorer des ordres injustes ou absurdes. Ce que fit Leclerc en ralliant Paris contre l'avis d'Eisenhower. Désobéissance qui épargna à la capitale le terrible sort de Varsovie. Désobéir, c'est ce que fit von Kluck, en 1914, en franchissant la Marne. Audace qui permettra à Gallieni de contre-attaquer. Le commandement est affaire de circonstances : « (...) S'y adapter, les exploiter, telle fut la base des conceptions de Napoléon, écrit de Gaulle. On chercherait en vain dans ses plans et dans ses ordres l'ombre même d'une théorie du procédé : (...) » Décider est un art d'improvisation.

1. Émission « Cartes sur table », 16 mai 1981.

Décider, c'est inventer

Lorsque Ford paya ses ouvriers quatre fois le salaire moyen, que Moulinex recycla un moteur d'avion dans l'électroménager, que Sony miniaturisa un lecteur de cassettes, qu'Apple estompa la frontière entre le téléphone et l'ordinateur, chacune de ces entreprises osa ce que ses concurrents n'osaient pas ou croyaient impossible. « De l'audace, toujours de l'audace, encore de l'audace », exhortait Danton. L'art suprême de la direction consiste à prendre les décisions que d'autres n'auraient pas osé prendre.

Après avoir remporté une victoire éclatante contre les Perses, Alexandre incita ses troupes à s'emparer de leur empire. Décontenancé par une telle ambition, l'un de ses cavaliers s'exclama : « Si j'étais Alexandre, je m'arrêterais là ! » Le conquérant répondit : « Justement, tu n'es pas Alexandre et Alexandre continue ! » Plus les dirigeants sont grands et plus ils arrêtent des décisions hardies mais judicieuses. Un joueur de hockey américain, Wayne Gretzsky, cité par Henry Mintzberg, l'un des rares gourous intelligents du management, disait : « Je patine vers l'endroit où va se trouver le palet. » Pour le cardinal de Retz, le chef est justement celui qui sait distinguer l'extraordinaire de l'impossible, qualité rare.

De minimis non curat praetor

L'instinct ne suffit pas. Pour bien diriger, il faut replacer chaque homme, facteur ou circonstance à sa place. Une faculté peu répandue, d'après de Gaulle[1] : « Les esprits à forme synthétique, c'est-à-dire aptes à la généralisation, capables de distinguer constamment l'essentiel de l'accessoire (...) sont très rares. » Pour un patron, ne pas se laisser engluer dans et par le quotidien, se concentrer sur l'essentiel, faire remonter ce qui est important, redescendre ce qui ne l'est pas est vital.

Cet esprit de synthèse est un devoir. Un chef dispersé manque à ses obligations. « *De minimis non curat praetor* », disaient les Romains, ce que nous pourrions traduire par : « Des détails, les puissants ne se soucient pas. » À des députés qui l'interrogeaient sur le nombre de munitions stockées par caisse, Lyautey[2] répondit : « Je n'en sais rien, j'ai des artilleurs. »

Les Romains semblaient prendre infiniment moins de décisions que nos P-DG. Notable nuance, la poignée d'arbitrages quotidiens rendus par Marc Aurèle étaient mis en œuvre, à l'autre bout de l'Empire, quelques semaines ou quelques mois plus tard. L'auteur des *Pensées* s'assurait que tel aqueduc avait bien été construit, que telle loi était bien entrée en vigueur, etc. Nos gouvernants multiplient les projets dont les décrets d'application ne sont jamais publiés tandis que la législation reste inappliquée. Chacune des interventions de Caton devant le sénat s'achevait par la célèbre formule : « *Delenda est Carthago.* » Carthage fut bel et bien détruite. Dans les entreprises, projets, stratégies à trois ans, business plans se succèdent, à un rythme effréné et dans un tohu-bohu dissimulant mal l'absence de suite

1. *In* Charles de Gaulle, *Lettres, notes et carnets*, Plon, 1980, tome 1, page 461.
2. *Dialogues sur le commandement*, *op. cit.*

dans les idées des managers. Même dépourvus de connexion à haut débit, les Romains décidaient bien plus que nos P-DG affairés et amnésiques.

Un vrai patron ne prend qu'une ou deux décisions par jour mais ce sont de véritables décisions, importantes, réfléchies et assumées. Ces quelques ordres, soigneusement soupesés, le dirigeant authentique exercera un droit de suite à leur égard.

Vérifier le détail qui tue

Le chef décide et vérifie que ses décisions sont appliquées. La victoire ou l'échec ne tient parfois qu'à un fil. C'est le nez de Cléopâtre. Retournons à Waterloo. Grouchy est en retard. Les Français doivent charger dans une pente. La veille, la pluie a détrempé le terrain. La pluie, c'est le « détail qui tue », celui qui peut faire basculer le destin. Le dirigeant doit veiller à ce que ses ordres les plus importants soient exécutés, il doit prendre garde aux aléas meurtriers.

Or, la pensée managériale tend à noyer les « détails qui tuent » dans un magma. Trop souvent, dans l'entreprise managée, l'important n'est pas ce que l'on dit mais la manière dont cela est formulé. Le 1er février 2003, l'explosion de la navette spatiale Columbia causa la mort de ses sept passagers. Un morceau de mousse de 760 grammes s'était détaché de l'appareil au moment du décollage. Ce minuscule incident causa la catastrophe. Malheureusement, dans une entreprise managée, détenir la vérité ne suffit pas à la faire admettre. Il y a tellement de niveaux hiérarchiques, de pesanteurs et surtout tout un formalisme à respecter pour être audible. Les ingénieurs de la NASA ont ainsi élaboré vingt-huit slides comprenant chacun six niveaux de textes et classant onze phrases. Le résultat de ce « festival d'hyperrationalisation bureaucratique ? L'information vitale se trouva reléguée en tout petit, à un niveau inférieur ». La Commission d'enquête du Sénat américain s'étonna de « recevoir des slides de la part des responsables de la NASA plutôt que des rapports techniques. La Commission considère que l'usage endémique de diapositives à la place de documents techniques est une illustration des méthodes problématiques de la communication technique à la NASA ».

Préparer la décision

L'action expose à l'imprévu. Décider implique de se préparer. Le patron s'efforce de minimiser le rôle d'un hasard qu'il sait irréductible. Il tâche de prévoir afin de pouvoir. Pour Kojève[1], ce qui fonde le droit des chefs à exiger l'obéissance, c'est qu'ils « voient plus loin (...) Ils ont des données sur l'avenir (...) ils conçoivent les plans et les projets, tandis que les inférieurs ne voient que les données immédiates ». C'est pourquoi tout dirigeant se renseigne le plus complètement possible avant d'agir. Celui qui commande ne saurait s'en tenir à la surface des choses. Mon président imposa ma nomination à son conseil d'administration. J'avais défié l'autorité de Charles Pasqua et, s'il n'avait pas été un chef avisé, il aurait pu craindre pour sa propre autorité : « Si ce directeur s'est rebellé contre l'ancien ministre de

1. Alexandre Kojève, *op. cit.*

l'Intérieur, pourquoi m'obéira-t-il ? » Se renseignant par lui-même, il comprit que je m'étais dressé contre Pasqua afin de préserver les intérêts des étudiants et des collaborateurs placés sous ma responsabilité.

Le chef doit apprécier les circonstances. Cette connaissance est empirique, elle tourne le dos aux systèmes et aux idées reçues. L'une des toutes premières qualités d'un patron consiste à reconnaître et à tenir compte d'une situation particulière, ce que les militaires appellent « le coup d'œil ». Bergson recommandait d'épouser « le mobile, l'instable, le divers », bref, la matière même de l'action. Par instinct, le décideur sent qu'il devra affronter l'inédit, l'imprévu et l'unique. Tel l'aventurier avant son périple, un chef rassemble le maximum d'informations qui pourront l'aider le moment venu. D'ailleurs cet ouvrage est rédigé à Monterosso, en Ligurie, au pied d'un fortin dans lequel le jeune Bonaparte, plusieurs années avant de commander l'armée d'Italie, imagina comment il ferait passer ses troupes le long de cette côte escarpée isolant le rivage de la plaine.

Donner du temps au temps

Les trois phases de l'action correspondent chacune à un tempo différent. La première phase, de réflexion et de préparation, peut être lente. La seconde phase, celle de la décision à proprement parler, gagne à être rapide. La troisième phase peut également durer, c'est celle du contrôle et de la vérification. Pour décider, il faut être pressé et patient. Décider prend du temps. Un temps incompressible et inchangé depuis l'aube de l'humanité. « Pendant qu'une action est en cours, vante une publicité[1], vous en lancez une autre au téléphone en parallèle. Vous multipliez par trois l'espace temps que vous avez devant vous ! » Le manager croit décider plus vite que ses prédécesseurs. Gravissime erreur, le temps de réflexion de notre cerveau, notre vitesse d'horloge, pour parler comme les informaticiens, est la même depuis le néolithique. Nos ancêtres étaient aussi intelligents que nous. Nous ne réfléchissons pas plus vite. Connectés en permanence, persuadés que nous prenons plus de décisions, nous nous égarons. Nos gadgets électroniques nous submergent mais nous ne réfléchissons pas plus et nous décidons plutôt moins.

L'éternel présent managérial

Télétravail, conf-call, skype, e-mails, grâce aux outils high-tech, le manager se croit plus efficace que le chef du passé. « Réactif », « hyperactif », « proactif », notre businessman confond insignifiant et important. L'entreprise managériale a d'ailleurs conçu une nouvelle catégorie, le « TTU ». Plus urgent qu'urgent, il y a désormais le « très très urgent », invention dérisoire qui me fait penser aux enfants qui ont toujours quelque chose d'hyper méga trop important à montrer !

Impossible d'être reçu par un manager sans qu'une assistante, un coup de fil, un SMS ou une nuisance quelconque le distraie. Mon entretien d'embauche fut conduit par le DRH du groupe PPR. Durant notre échange, cet homme ne put s'empêcher de répondre au téléphone. À présent, les managers veulent être au

1. Francis Jauréguiberry, *Les Branchés du portable*, PUF, 2003.

courant de tout, « en temps réel ». Une question mérite cependant d'être posée : « Pour quoi faire ? »

À 8 heures, Rachida Dati[1] était interviewée chez Laurence Ferrari. À 8 h 25, le président de la République commentait sa prestation sur un réseau social. Gouverner, c'était prévoir. Manager, c'est twitter.

Surbooké, saturé de demandes dont chacune est à traiter « asap », *as soon, as possible* c'est-à-dire, « aussi vite que possible », le dirigeant postmoderne vit dans l'illusion de l'ubiquité. Observez-le, dans les aéroports, « gérer » de multiples urgences depuis son portable ! La plupart des sujets qui l'agitent aujourd'hui seront oubliés demain. Aux yeux d'un chef contemporain, le fait d'être débordé semble être une marque de puissance. Deux managers témoignent : « Les pros de l'organisation, des process et du reengineering doivent paraître débordés. »

Le décideur postmoderne déteste ne rien faire. Lorsqu'il ne téléphone pas, le manager lit des mails, compulse ses chiffres, fait du jogging ou s'adonne à des jeux d'attardés sur ordinateur. Affairé, débordé, survolté, le manager est le contraire du chef.

Deux trentenaires[2] témoignent du quotidien d'une cadre sup : « Elle est au téléphone avec le client, chatte sur skype avec un développeur basé en Inde et lit un e-mail de Françoise qui lui demande de faire un point budgétaire en fin de journée en même temps. (…) Tiens un appel de Stéphane : Oui, oui, on est bon là-dessus (bip). Attends, Stéphane, désolée, je reviens vers toi

1. *Cf.* Sophie Coignard et Romain Gubert, *L'Oligarchie des incapables*, Albin Michel, 2012.

2. Alexandre des Isnards et Thomas Zuber, *op. cit.*

dans deux minutes, j'ai un double appel. Il faut que je le prenne. Ne bouge pas ! Allô ? Victor ? Ça va être court ou ça va être long ? OK, je te rappelle dans la foulée. Oui, Stéphane, je suis de nouveau là ! OK, on en parle cet aprèm à la réunion d'équipe. (Bip.) Ah c'est Jean qui me renvoie une réponse SMS… »

Un leader a besoin de temps pour imaginer, soupeser une décision, se documenter ou méditer. Décider implique un travail de décantation.

Tous les grands hommes furent des méditatifs

Le patron doit rentrer en lui-même pour mûrir ses décisions. Le chef doit savoir s'abstraire des pressions ambiantes. Plus il est placé haut et plus les pressions seront fortes et les solliciteurs nombreux. Comme l'avait saisi l'auteur du *Fil de l'épée*[1] : « Tous les grands hommes d'action furent des méditatifs. Tous possédaient, au plus haut degré, la faculté de se replier sur eux-mêmes, de délibérer au-dedans. »

Avant de recruter un collaborateur, Antoine Riboud l'interrogeait : « Prenez-vous des douches ou des bains ? » L'ancien patron de Danone estimait que seuls les seconds savaient prendre leur temps, réfléchir et s'ennuyer. François Mitterrand se plongeait dans les grands textes pour s'abstraire de l'écume des sondages. « Les livres, analyse Érik Orsenna[2] qui fut le conseiller du Prince socialiste, le protégeaient de la montre. »

1. *Le Fil de l'épée*, *op. cit.*, p. 155.
2. « Un président doit-il être cultivé ? », *Le Monde,* 24 mars 2012.

On reconnaissait jadis un dirigeant à sa culture. Le 20 septembre 1969, un journaliste interrogeait Pompidou à propos d'un fait divers. Une jeune prof, Gabrielle Russier, s'était donné la mort après avoir eu une liaison avec l'un de ses élèves. Pour commenter ce triste épilogue, le président cita Éluard : « Comprenne qui voudra. Moi, mon remords, ce fut la victime raisonnable au regard d'enfant perdu, celle qui ressemble aux morts qui sont morts pour être aimés. »

À rebours de la mode managériale qui recommande de « parler com », et de réduire le vocabulaire à mille mots, Jean-Luc Mélenchon déclame Hugo. Le 7 février 2012, à Villeurbane, l'orateur d'extrême gauche s'insurgeait : « On m'a dit que je suis trop intellectuel. J'ai répondu que je ne l'étais pas assez. Car le peuple est bien plus cultivé que ne le croient les puissants, et lorsqu'il ne l'est pas, il aime quand même les belles choses. »

François Hollande, qui s'est vanté de n'avoir jamais lu de roman, rapporta, sur France Culture, ses premiers pas dans les ministères : « J'étais son directeur de cabinet, Max Gallo était toujours capable de trouver une analogie avec une autre période. (...) C'est à la fois utile et cela conduit souvent à des conclusions que j'appellerais de relativisme : ça s'est déjà produit, il n'y a pas de surprises. » Pourtant, quoi de plus essentiel que d'échapper à la pression de l'événement ?

Vitesse, vitesse, vitesse

Débordé, le chef connecté à tout donc à rien, à tous donc à personne, ne peut plus se concentrer sur les quelques décisions qu'il doit prendre lui-même, encore moins veiller à ce qu'elles soient appliquées. Les managers en sont si conscients qu'ils commandent à des consultants des « mesures d'engagement » auprès de leur staff pour mesurer ce qui est réellement appliqué. Selon le cabinet Aon Hewitt[1] : « Seuls 18 % des cinq millions de salariés interrogés estiment que des stratégies sont réellement mises en œuvre. »

En quinze ans, Napoléon arrêta la Révolution, fonda de nouvelles institutions, dont le lycée, les écoles militaires ou encore le Conseil d'État. L'empereur rédigea le Code civil, dont il dicta certains articles, conduisit de savantes négociations avec une partie de l'Europe tandis qu'il guerroyait contre l'autre. Bref, Bonaparte offre le modèle de l'homme pressé. Une fois arrêtées, ses décisions ne traînaient pas. Wellington faisait danser les duchesses à Bruxelles lorsqu'il apprit que Napoléon et son armée qui, la veille encore, étaient à Paris campaient à Charleroi. « Vitesse, vitesse, vitesse », exigeait Bonaparte.

Bourreau de travail, le stratège avait choisi l'abeille, symbole de labeur, comme blason. Lorsqu'il dit : « Qui tient tout ne tient rien », l'empereur livre le secret de cet incroyable activisme. Ne jamais effectuer plusieurs choses à la fois mais les accomplir successivement. Lorsque l'on s'empare d'un sujet, on s'y consacre à fond, sans se laisser distraire. Imagine-t-on Bonaparte à Austerlitz pianotant sur un smartphone ? Il faut du courage pour décider et de la fermeté pour se tenir à ce que l'on décide. Les volte-face sapent l'autorité. L'irrésolution inquiète la base. À celui qui commande, il faut

1. Base de données mondiale Engagement d'Aon Hewitt.

de la constance. Retournant à Ithaque, Ulysse se fit attacher au mât de son navire pour résister aux Sirènes. Une fois ses ordres donnés, Bonaparte se roulait dans sa couverture, dormait quelques heures et se réveillait pour constater les effets de sa décision. Était-ce un moyen de ne pas changer d'avis ? L'empereur savait surtout l'absolue nécessité, pour un chef, de « laisser du temps au temps », de laisser la poussière retomber et les événements se dérouler.

CHAPITRE 6

Qui décide ?

> « Pour se couvrir vis-à-vis des autres et à ses propres yeux, il s'applique à ne rien prescrire qui ne lui soit prescrit, soit par l'autorité supérieure, soit, au moins, par le règlement. »
>
> DE GAULLE, *Le Fil de l'épée.*

Dans son tableau du mauvais chef, de Gaulle[1] peignait déjà nos managers. Terré sous le principe de précaution, protégé par une ribambelle de consultants, couvert par une armée d'avocats, le manager décide de moins en moins lui-même.

Les cabinets de vampires

Dans la chaîne de décision, quatre étapes peuvent être isolées : s'informer et déterminer quoi décider, décider à proprement parler, vérifier et enfin choisir qui peut décider. Qu'il s'agisse de s'informer (cabinets

1. *Le Fil de l'épée*, *op. cit.*

de veille), de fixer la stratégie (cabinets de conseil en stratégie), de vérifier l'application des décisions (conseils en audit ou en contrôle) ou de décider avec qui décider (chasseurs de têtes), sur chacun de ces aspects cruciaux du commandement, les managers font de plus en plus appel à des conseils extérieurs.

Tout dirigeant doit savoir s'entourer, se forger sa propre opinion, vérifier par lui-même le détail qui tue, etc. De telles compétences forment en quelque sorte le cœur du métier de patron. Ce sont justement celles-là que le manager sous-traite. Plus les sujets sont sensibles et plus le manager les confiera à l'extérieur. Le recrutement d'une assistante sera géré en direct, celui d'un collaborateur clé sous-traité. La comptabilité courante sera vérifiée « en interne », la stratégie financière globale auditée par l'un des *Big Five*[1]. Aux équipes, l'intendance et le tout-venant ; aux sous-traitants, la stratégie et les dossiers vitaux !

Deux arguments principaux plaident en faveur de l'externalisation de ce domaine réservé du chef. En faisant appel à des cabinets, on profiterait d'une expertise (gain de technicité ou d'efficacité) ainsi que d'une économie d'échelle (gain de temps ou d'argent).

Le gain de temps est douteux, celui d'argent ne l'est pas moins. Le consultant a besoin de temps et l'heure de consulting est facturée à des prix prohibitifs. Les cabinets spécialisés sont surtout spécialisés dans l'art de gonfler leur facture. Comme l'explique l'un d'eux :

---

1. On appelle ainsi les cinq plus grands cabinets dominant le marché mondial du conseil aux entreprises. Naturellement tous sont américains, il s'agit de McKinsey, Deloitte, Ernst & Young, Accenture et Pricewaterhouse Coopers.

« Qu'est-ce qu'un bon consultant ? Quelqu'un qui consulte ta montre, te donne l'heure et te facture la prestation ! » Ces sociétés de conseil, véritables cabinets de vampires, détournent les collaborateurs de leurs activités, leur soutirent des idées et les revendent au manager.

Reste l'argument de l'expertise. Il y aurait ainsi des gourous du recrutement, des experts du contrôle, des as de la stratégie. L'une des erreurs fondamentales du management consiste à penser que diriger relève d'une expertise lorsqu'il s'agit d'un art qui mobilise le bon sens, l'intelligence et le courage de qui l'exerce. Lyautey se définissait comme le « technicien des idées générales ». On peut concevoir qu'un dirigeant sollicite des spécialistes qu'il n'a pas sous la main, architectes, scientifiques, juristes, etc. Mais la plupart des consultants sont des généralistes. Ce qu'ils offrent aux managers, c'est surtout de faire le « job » à leur place. À la rigueur, un bon consultant fera un bon patron.

S'il existe une spécialité indissociable de la direction, c'est celle consistant à jauger la pâte humaine. Évidemment, un dirigeant peut se tromper, mais comment imaginer qu'un chasseur de têtes ne se trompe jamais ? Recourir aux chasseurs de têtes, c'est donc soit avouer son incompétence (le chef ne sait pas y faire, mais alors pourquoi est-il le chef ?) soit croire à l'infaillibilité de l'expert (l'idée qu'il existerait des Madame Irma du recrutement). Le plus souvent, ce n'est ni l'un ni l'autre. C'est l'envie de déposer les responsabilités sur d'autres épaules.

Si manager consiste à appliquer des procédures, toujours les mêmes, des idées toutes faites ou des modes, toujours les mêmes, pourquoi se fatiguer ?

Un livre consacré à l'inanité de la pensée Powerpoint[1] épingle les cabinets qui recyclent les mêmes présentations et la même méthodologie. Certains disposent en effet de bases de données regroupant des modèles de présentations selon les types de mission que leur confient leurs clients.

Les docteurs en management prescrivent les mêmes remèdes. Les chefs appliquent les mêmes prescriptions. Mais la science managériale refuse d'assumer la responsabilité de ce que font les décideurs. Appliquant des recettes que d'autres leur soufflent et que tout le monde suit, nos pseudo-chefs sont couverts. Moralité, plus personne n'est responsable. Les dirigeants ont disparu.

Appliquant des mesures interchangeables, les managers deviennent eux-mêmes interchangeables.

Un manager n'est recruté ou nommé que s'il répond à des critères précis de diplômes mais aussi d'âge, de sexe, voire d'origine. Des quatre compétences qui forment le cœur du métier de chef, celle consistant à savoir s'entourer est sans doute la plus précieuse. En effet, nul ne saurait diriger seul : « Il lui faut, dit Spinoza[2], des conseillers pour s'informer, des amis ou des parents pour se garder, des commis pour transmettre ses volontés et surveiller leur exécution. »

1. Franck Frommer, *op. cit.*
2. Spinoza, *Traité politique*, VI, 5.

Recruter des clones

Un manager a rarement moins de quarante ans. Dans les partis politiques, les clubs de « juniors » regroupent au mieux des trentenaires, voire des quadragénaires. Cet « âgisme » se muant en jeunisme, le management interdit toute nomination après soixante ans.

Le management ne croit ni aux têtes blondes ni aux crinières blanches, mais aux tempes grisonnantes. La fenêtre de nomination managériale est ainsi des plus limitée.

Au moins dans le discours, le management préfère nommer des femmes. Les qualités, supposément féminines, d'écoute, d'intuition, de dialogue, correspondent à la représentation idéale du management en *big mother*[1]. Chercheur en gestion, Michel Ferrary[2] affirme que « les structures du CAC 40 comptant plus de 35 % de femmes cadres enregistrent une croissance de 23 % de leur chiffre d'affaires contre seulement 14 % pour les autres ».

Cherchant à éliminer tout risque, le manager n'embauche que des candidats présentant le CV parfait et affichant rigoureusement la même expérience que celle qui est recherchée.

Dans certaines entreprises, les postes de cadres ne sont d'ailleurs ouverts qu'aux diplômés d'une poignée de grandes écoles.

La vocation de ces institutions, recrutant sur concours, c'est de présélectionner de futurs chefs. Le concours n'est

1. L'expression correspond au titre de l'ouvrage du psychanalyste Michel Schneider, *Big Mother*, Odile Jacob, 2002.

2. « Carnets RH » de *L'Express*, 14 au 20 mars 2012.

pas un mauvais instrument. Il détecte ceux qui démontrent certaines aptitudes, telles la résistance au stress, ou des capacités de travail ou d'assimilation au-dessus de la moyenne. Le système présente néanmoins d'évidentes limites. Favoriser le conformisme est l'une des plus visibles. Les grandes écoles reposent sur la sélection, mais aussi sur une quasi-cooptation. Ces établissements d'excellence ont beau prétendre rechercher des profils atypiques, année après année, ceux qui « intègrent » se ressemblent de plus en plus. Au bout de quelques générations, la part de ceux qui n'ont pas le bon bac, qui n'affichent pas le bon pedigree, de ceux dont les parents ne sont pas d'anciens diplômés, tend vers zéro. Ainsi, la principale vertu du concours, la vertu méritocratique, s'estompe-t-elle avec le temps. Dans son rapport, Michèle Pappalardo, présidente en 2010 du jury du concours d'entrée à l'ENA, déplorait le « conformisme », mais aussi l'« absence de “courage” ou de “force d'âme” » des candidats. Lesquels « soit ne savaient pas, soit ne voulaient pas argumenter et défendre leur position, et étaient donc tout à fait prêts à en changer dès qu'un contre-argument leur était présenté[1] ».

Pour empêcher cette sclérose, le management croit avoir trouvé la parade : il s'agit de la fameuse discrimination positive *made in USA*. En exhibant quelques têtes colorées sur les plateaux de télévision ou dans les conseils d'administration, ce remède miracle entend étancher la soif de justice de la base, tout en renforçant la légitimité du sommet. « Ceux de la haute » espèrent que « ceux d'en bas » se diront : « Nous avons les

1. Voir ce rapport, disponible sur le site internet de l'ENA, et l'ouvrage d'Olivier Saby, *Promotion Ubu roi*, Flammarion, 2012.

nôtres, laissons-leur les leurs ! » Transformer un fils de chômeur en ancien élève dispensé de concours revient à avouer que le système est biaisé, que ses règles doivent être suspendues pour permettre à la base de monter !

Le management ne croit plus au mérite. Caractéristique de ce scepticisme, un ouvrage[1] collectif consacré au renouveau des écoles de management contient un chapitre intitulé : « L'introuvable mérite ». Son auteur, Marie Duru-Bellat, annonce la couleur : « Il n'existe pas (…) de définition déposée au pavillon de Breteuil à Sèvres… » Le point de vue des néosciences sociales, débarrassées de toute référence à la lutte des classes, invite à questionner une notion qui, d'après notre auteur, « renvoie à un système de récompenses situé et daté, donc non dépourvu de contingence et d'arbitraire ». La sociologue conclut : « Une société du tout mérite serait invivable. » En clair, il s'agit de relativiser la notion de mérite.

Les FDD, des managers comme les autres

La mobilité sociale doit être spontanée et fonctionner dans l'intérêt de tous et non au bénéfice d'une minorité de « mal nés » profitant de passe-droits. Sans quoi les enfants de « bien nés » seront confortés dans leur monopole.

Croyant de moins en moins à leur supériorité, les rejetons des dirigeants conçoivent désormais leur

1. *Altermanager, mode d'emploi,* sous la direction de Philip McLaughlin, Descartes et Cie, 2011. Le titre est un peu excessif tant cet ouvrage consiste en une défense et illustration des vertus des écoles de management.

appartenance à la classe dominante comme le reflet du hasard.

La généralisation de la promotion par la naissance à la tête des entreprises vérifie l'hypocrisie du management. Une plaisanterie de bureau résume bien cet état de fait consubstantiel au capitalisme patrimonial : « Messieurs, je vous informe que mon fils commencera à travailler chez nous la semaine prochaine. Je vous demande de le traiter comme vous traiteriez n'importe quel employé… appelé à diriger la société dans un an. » Ce modèle prétend que diriger s'apprend et qu'il ne saurait être question d'obéir à ceux qui ne possèdent pas les titres requis. Certains établissements se font d'ailleurs une spécialité de blanchir « des fils ou des filles de[1] » en diplômés au forceps. À grand renfort de cours particuliers, de bachotage, de soutien, les enfants de dirigeants les moins doués finissent par exhiber un parchemin, acheté à prix d'or outre-Atlantique ou en Suisse.

De plus en plus, recrutements ou nominations sont l'expression du conformisme ou du réseau. Parfois, ils sont accordés pour prix de servilité. Le sociologue Pierre Bourdieu[2] déplorait que certains réussissent « non pas parce qu'ils sont les plus ordinaires mais parce qu'ils n'ont rien d'extraordinaire, rien en dehors de l'appareil ». Remplacez « appareil » par « entreprise » et vous comprendrez le mécanisme de promotion le plus courant à l'ère du management. Le manager apprécie la soumission de ceux qu'il promeut. Le commandant goûtait leur indépendance.

1. *Cf.* Frédéric Teulon, *Les FFD…*, *op. cit.*
2. Pierre Bourdieu, *Choses dites*, Minuit, 1989.

Faire sortir du rang

À la fin du XIXe siècle, un ministre des Finances venu inspecter une perception de province commit une erreur lors d'un discours. Le grand-père d'un ami, simple receveur des impôts, rectifia. « Je n'aime pas votre ton », tonna le Grand Argentier de la République. « Je n'aime pas davantage le vôtre, monsieur le ministre ! » répliqua le fonctionnaire. Loin de s'irriter, le ministre repéra l'homme de caractère et, quelques semaines plus tard, le nomma à son cabinet. Aujourd'hui, un insignifiant secrétaire d'État se fait fort d'obtenir le licenciement d'une vendeuse qui lui tient des propos déplacés.

L'aléa d'une embauche est irréductible. Aucun poste ne se ressemble, les personnes changent, l'efficacité d'un collaborateur, au sein d'une équipe donnée, dépend de facteurs difficiles à reproduire.

Quelqu'un qui n'a jamais occupé un poste peut convenir. Lorsqu'un salarié doit faire ses preuves, il a plus de chances de se surpasser. Débaucher celui qui n'a rien à prouver peut aboutir à recruter quelqu'un qui lève le pied. Le plus détonant est parfois aussi le plus intéressant. Parmi des candidats qu'il n'arrivait pas à départager, l'un de mes amis industriels m'a confié qu'il les avait réunis en leur demandant de raconter ce qu'ils avaient accompli de plus original. L'un d'eux expliqua comment il avait fait le tour de l'Inde à mobylette. C'est ce dernier qui obtint le poste. Il se révéla un remarquable collaborateur.

Charles Pasqua me nomma à la tête de l'école de commerce du Pôle Léonard-de-Vinci après que je lui eus confié des insuffisances de l'institution qu'il avait créée. Je n'enseignais alors que quelques heures par semaine dans cet établissement. Je me souviens alors lui avoir dit : « Monsieur le ministre, vous allez sûrement me licencier mais cela n'a guère d'importance ! » ; il répliqua avec son inimitable accent anisé : « Monsieur Bigot, je vais prendre mes renseignements et je vous recontacte. » Dix jours plus tard, l'ancien locataire de la place Beauvau me convoqua et me déclara tout à trac : « Je me suis débarrassé de quelques incapables. J'ai besoin d'un nouveau directeur, vous commencez quand ? » Dans le monde aseptisé du management, qui oserait nommer à la tête d'une institution quelqu'un qui ignore tout du milieu ou qui n'a jamais exercé ce type de fonction ? Combien de dirigeants de plus de soixante ans (donc nommés par des chefs et non par des managers) furent ainsi repérés au jugé ? L'actuelle patronne des éditions Julliard, Betty Miallet, commença sa carrière comme standardiste. Claude Durand, l'ancien dirigeant de Fayard et éditeur de Soljenitsyne, débuta comme instituteur. Nommer un ancien ouvrier ajusteur à Matignon comme le fit Mitterrand avec Pierre Bérégovoy ne pouvait être que le fait d'un chef, non d'un manager.

Les dames patronnesses

En comparaison de ces promotions « au talent », la discrimination positive, c'est la politique des dames patronnesses. « Plutôt que de redistribuer les richesses et de détecter les méritants, pense le manager, choisissons nos pauvres et accordons-leur une partie de ce qu'ils ne peuvent gagner par eux-mêmes ! » Avant l'avènement du management, les manants n'avaient pas besoin d'une telle charité. À l'ENA et à l'ENS, on rencontre aujourd'hui moitié moins d'enfants des classes populaires que dans les années 1970[1]. Pourquoi la mobilité sociale s'est-elle effondrée à l'entrée des concours de la République ? Cette question est occultée par la discrimination positive. Transformer en privilégiés de l'annuaire une poignée de chanceux, choisis de manière plus ou moins aléatoire, n'améliore en rien l'aptitude à détecter ceux que l'on appelait au XIXe siècle « les capacités ».

Aucun commandement ne dure sans méritocratie. Bonaparte l'avait compris qui avait placé, disait-il, un bâton de maréchal dans la musette de ses soldats. On a tort de tenir le bâton de maréchal pour un truc démagogique. À l'image de Ney[2], nombre de maréchaux sont effectivement sortis du rang. Si l'empereur avait dit aux grognards : « J'en nommerai un au hasard », l'effet aurait été désastreux. Aujourd'hui comme hier, personne n'a envie d'être dirigé par le premier venu.

Toute société, même la plus démocratique, possède une classe dirigeante. Toute classe dirigeante dispose de privilèges. Il sera toujours plus facile aux enfants des chefs de se maintenir qu'à ceux du peuple de s'élever. Bref, la reproduction est inévitable et il est vain d'espérer l'éliminer. Non seulement les communistes n'y sont pas parvenus mais ils furent à l'origine d'odieuses nomenklaturas héréditaires. Pour autant, aucune institution ne saurait se passer des autodidactes ou des talents. Même

1. « Diversité sociale dans les classes préparatoires aux grandes écoles : mettre fin à une forme de "délit d'initié" », Rapport d'information du Sénat, 2007.

2. Le maréchal Ney avait coutume de dire : « Je n'ai pas d'ancêtres mais j'en suis un ! »

la très hermétique aristocratie britannique sait anoblir. Respectable instinct de survie que le sien car, privée de sang neuf, une élite s'anémie. Chateaubriand a admirablement résumé ce phénomène : « Une classe dirigeante s'élève dans l'âge des supériorités, se maintient dans l'âge des privilèges et s'éteint dans l'âge des vanités. » Enthousiastes et séniles, nos managers entrent dans leur troisième âge.

Le chef n'a pas d'âge

L'idée suivant laquelle nul ne sera nommé chef s'il n'a pas suivi la formation idoine est absurde. Tous les chefs sont autodidactes. Tous ont appris à commander en commandant. Aucun ne savait s'il en était capable avant d'essayer. Pour commander, l'expérience se révèle utile mais elle n'est pas indispensable.

« La valeur n'attend pas le nombre des années. » Le management désapprouve la formule. Les managers actuels n'auraient jamais confié de responsabilités à Saint-Just (vingt-six ans lorsqu'il siégea au Comité de salut public). Ils n'auraient jamais recruté Henri IV (vingt-cinq ans lorsqu'il hérita du trône de France).

Jusqu'à la suspension du service militaire, l'armée française confiait à des aspirants de vingt ans l'autorité sur une section et sur des sous-officiers plus âgés et plus expérimentés. Lorsque le magistrat de Boulogne-sur-Mer, Fabrice Burgaud, trente ans au moment des faits, embastilla les innocents d'Outreau, les médias s'indignèrent : « Comment a-t-on pu confier un tel dossier à un magistrat aussi jeune ? » En réalité, ce « tout petit juge » fut davantage victime des idées fausses du management (force irrésistible de la mode, absence d'esprit critique, procédures appliquées sans discernement) que de son âge.

Le commandement requiert une sève et une énergie qui déclinent souvent avec l'âge. Souvent, mais pas toujours. En 1940, Churchill arriva aux commandes, en pleine tempête. Il avait soixante-cinq ans, un âge qui lui barrerait aujourd'hui la direction d'une multinationale. « L'âge, sous l'enveloppe, écrivait de Gaulle[1] à propos de Pétain, avait rongé le caractère. » En 1205, le doge Dandolo mourait, à la tête des galères vénitiennes, en combattant les Bulgares. Il avait quatre-vingt-dix-huit ans. Le poids des ans n'a pas empêché Cincinnatus de sauver Rome, Ben Gourion, Israël ou Clemenceau, la France.

En faisant de l'âge du capitaine un critère déterminant, le management méconnaît cette vérité : le pouvoir n'a pas d'âge. Il néglige cette autre évidence : le pouvoir n'a pas de sexe.

Le pouvoir n'a pas de sexe

Ceux qui expliquent qu'il n'y a plus de différences entre la gauche et la droite, assurait Alain, ceux-là sont assurément de droite. Aujourd'hui, ceux qui pensent que les femmes dirigent différemment pensent en réalité qu'elles dirigent mieux.

Cette préférence pour le management « au féminin » trahit le rejet du commandement par le management. Pour parler comme les psychanalystes, le chef doit incarner la loi, donc le père. C'est pourquoi à toutes les

1. Charles de Gaulle, *Mémoires de guerre, tome I, L'Appel*, Plon, 1954.

époques et sous toutes les latitudes les chefs sont pourvus d'insignes virils, tels qu'épée, bâton ou cravate. Symboliquement, chef s'écrit encore au masculin.

Rejetant le commandement, le management ne supporte plus cette figure patriarcale. Il veut châtrer le pouvoir, l'empêcher de commander droit pour le faire manager rond. Il y parvient grâce à la promotion de « fémelins » pour reprendre le néologisme forgé par La Boétie dans son *Discours sur la servitude volontaire*. En revanche, en pensant nos compagnes incapables de vertus[1] viriles, le management commet une grossière erreur.

Margaret Thatcher, Golda Meir ou Indira Gandhi n'étaient pas des pimprenelles. Argentins, Irlandais, Égyptiens ou Pakistanais peuvent témoigner de la propension toute relative de ces femmes à la compassion ou à l'écoute ! Martine Aubry ou Michèle Aliot-Marie rappellent qu'un chef au féminin n'évite pas toujours le syndrome de la cheftaine. La chef est le chef. Sitôt en poste et s'il est à la hauteur, ses subordonnés ne voient plus en lui l'individu. De Lyautey, extraordinaire meneur, Clemenceau aurait dit : « Voilà un homme qui a des c… au cul, dommage que ce ne soit pas les siennes… » Qu'importe qui dirige, du moment qu'il dirige !

On juge un chef à ses collaborateurs

Les managers aiment recruter des clones, affichant le même pedigree, les mêmes diplômes, ou des ectoplasmes, incapables de leur faire de l'ombre.

1. Du latin *vir*, la vertu est toujours celle du chef.

Les chefs d'État nommaient Senghor ou Malraux. Nos managers poussent Luc Chatel ou Najat Vallaud-Belkacem. On juge un patron à ses collaborateurs. Les grands leaders sont toujours entourés de personnalités fortes, originales et talentueuses.

La gloire n'est jamais une pyramide de médiocres sur les épaules desquels on grimpe. Louis XIV considéra que le génie de ses collaborateurs rehaussait son règne. Le Roi-Soleil avait fait de personnages hors normes des acteurs clés. Des surdoués, parfois d'extraction modeste et qui furent souvent controversés. Ce fut le cas de Colbert, fils de drapier, entré comme « premier commis au département de la guerre avant de s'occuper, selon Jean-Christian Petitfils[1], des finances, de l'économie du royaume, du quart de l'administration générale, d'une bonne partie des affaires de justice, des bâtiments, des manufactures, de la Cour et de la ville de Paris ». Il en alla de même de Jean-Baptiste Lully, aux mœurs décriées et au fort accent italien (il était né Giovanni-Battista), qui fut surintendant de la Musique de Louis XIV. En dépit de multiples scandales et faillites, Jean-Baptiste Poquelin alias Molière dirigea, jusqu'à sa mort, le théâtre du Roi. Que l'on songe à Sébastien Le Prestre de Vauban, modernisateur des armées royales, infatigable bâtisseur à qui l'on doit d'innombrables chefs-d'œuvre architecturaux, et qui fut aussi le pionnier des statistiques modernes. Ces hommes d'exception connaissaient leur valeur. Pour eux, servir ne fut jamais s'asservir. Lully ne renonça pas à son répertoire. Molière brava la censure. Croyant son projet de réforme utile au royaume, Vauban, en dépit

1. Jean-Christian Petitfils, *Louis XIV*, Perrin, 1999.

de l'interdiction de Sa Majesté, publia son *Projet d'une dîme royale*.

Mise en cause dans l'affaire du sang contaminé, la ministre Georgina Dufoix fit remarquer : « Je suis responsable mais pas coupable. » À l'époque, la doctrine managériale étant déjà répandue, la classe politique avait raillé sa formule. À tort. Se sentir responsable lorsque l'on n'a rien à se reprocher reflète une vérité profonde du commandement. Un chef doit décider lui-même, mais aussi assumer les mesures prises par ses collaborateurs. C'est en ce sens qu'il demeure responsable, c'est-à-dire celui qui « répond » de.

Aussi, plus un chef compte, plus il dirige d'hommes et de choses, plus il délègue. Déléguer implique d'investir quelques hommes de sa confiance et de les surveiller du coin de l'œil. Le chef doit persuader ses subordonnés qu'il leur accorde une confiance illimitée tout en vérifiant discrètement ce qu'ils font. Le manager fait exactement le contraire : il prend soin de faire savoir à ses troupes qu'il ne leur accorde aucune confiance. En revanche, il se repose sur les systèmes d'information et sur la peur du gendarme. Pour le vérifier, il suffit d'appeler le standard d'une grande entreprise. Une fois sur deux, vous tomberez sur un répondeur annonçant : « Pour des raisons de contrôle qualité, cet appel est susceptible d'être enregistré ! » Outre la pratique du « *timesheet* » que l'on a déjà dénoncée, les managers vérifient en permanence que leurs collaborateurs « tiennent » leurs objectifs. Ce genre de contrôle repose généralement sur la déclaration des contrôlés. Un jeune cadre témoigne que « chacun fait sa petite bidouille pour équilibrer les projets qui dépassent avec ceux qui margent ». La réalité de ce qui est contrôlé s'efface ainsi devant le rituel du contrôle.

La réunionite

Une réunion digne de ce nom doit être brève et permettre la confrontation de points de vue divergents ainsi que la remontée des problèmes. La parole doit y être libre. La réunion managériale, elle, se veut lisse et consensuelle. Elle fait l'objet d'un formidable formatage. La librairie en ligne Amazon recense 17 388 références consacrées à l'art d'animer un « *business meeting* ». Dans certaines entreprises, la réunion est presque devenue une alternative au travail !

Le « *business meeting* » est une mise en scène où chacun s'efforce de se faire bien voir et où l'on ne fait qu'évoquer des projets ou des réalisations pour se mettre en valeur. Une réunion doit couper court aux bavardages. Chez un grand constructeur automobile français, les réunions de direction sont à ce point lénifiantes qu'en dehors de l'assistante qui prend des notes, du DG qui hoche mollement la tête à la manière d'un chien en peluche à l'arrière d'un break familial et de « l'intervenant » qui paraphrase ses *slides*, personne ne prête la moindre attention à ce qui se déroule. La règle, me dit un cadre qui y siège, est de relever ses mails.

Une réunion de commandement est pourtant un acte de gouvernement. Le général de Gaulle concevait ses Conseils des ministres comme l'instrument de la synthèse collégiale des décisions gouvernementales. Chacun des participants pouvait y prendre la parole.

Sous le quinquennat Sarkozy, un ouvrage[1] nous apprend que les réunions du mercredi offraient surtout

1. Bérangère Bonte, *Dans le secret du Conseil des ministres*, Éditions du Moment, 2011.

au monarque républicain l'occasion de s'écouter parler. « Il est plutôt du genre à faire les questions et les réponses, osait l'un. Un débat avec Nicolas Sarkozy, l'expression elle-même est antinomique, faisait remarquer un autre. » L'ex-président « affichait l'ambition de réveiller cette réunion somnolente du mercredi après-midi en véritable conseil d'administration ! ». Alors que ses prédécesseurs préparaient soigneusement l'ordre du jour, Nicolas Sarkozy « s'impliquait tellement peu (…) qu'il semble parfois découvrir certaines nominations ou décorations pendant le Conseil ». Le chef de l'État demandait au Secrétaire général de l'Élysée de préparer un « *show* », fondé sur un casting : « Un Conseil des ministres, c'est comme une mise en scène. J'essaie de monter un spectacle varié. Une des trois com' est souvent dictée par l'actualité. » Le haut fonctionnaire connaît les acteurs : « Les chouchous qui n'agaceront pas le président. Et les autres (…) Parmi les souffre-douleur, Christine Albanel, la ministre de la Culture jusqu'en juin 2009, verra souvent sa communication sucrée (…) par la formule présidentielle : "Tu nous la feras la semaine prochaine, on n'a plus le temps, là." »

Dormir sur un yacht, se promener chez Disney

Grâce aux nouvelles technologies, le manager espère se passer de rencontrer ses lieutenants. Certaines entreprises proposent des bureaux virtuels et développent le télétravail. Les chefs se trouvent parfois à l'autre bout du globe. Le manager n'est plus en contact avec la réalité et il se rend rarement en personne là où les choses se passent (sauf lorsqu'il y a des caméras). Or celui qui commande doit aller sur place pour apprécier la situation. C'est ce que fit le P-DG d'American Airlines[1] et qui lui permit de redresser sa compagnie : « Les gens ne savaient jamais qu'il allait venir en personne, même pour une brève visite, pour voir comment les gens se débrouillaient. En venant sur place, il obtenait des informations précieuses et franches, directement de ses employés et des clients. »

D'où le succès du mot « terrain » à une époque où les dirigeants s'isolent de leur base, vivant dans le monde, parallèle et rassurant, des reportings. Un manager digne de ce nom s'enferme dans son bureau, se barricade d'assistantes et de rappels automatiques. À l'époque d'Hubert Beuve-Méry, un auteur inconnu qui avait un sujet intéressant à proposer pouvait appeler le fondateur du *Monde*. Le patron du grand quotidien du soir le prenait au téléphone. Aujourd'hui, le plus obscur échotier se fait une règle d'or de ne jamais décrocher, sauf si des people cherchent à le joindre.

Le manager type est distant et ne se mêle pas à la troupe. Un ancien cadre[2] raconte le comportement de son « N+1 » : « C'est l'homme passe-muraille. Costume sombre et chemise bleue, on ne l'aperçoit que furtivement, et toujours de loin. Il joue les intouchables, accessible aux seuls initiés. » Le manager ne vit pas au milieu de ses subordonnés. Il ne partage pas leurs repas, ne descend pas dans les mêmes hôtels, ne vit plus dans les mêmes quartiers.

1. Exemple cité par Martin Lewin, *Le Management vu par mon chien,* Diaterio, 2011.
2. Vincent Tallouit, *Ils ont failli me tuer*, Flammarion, 2010.

L'éloignement physique entre le chef contemporain et ses hommes est de plus en plus marqué, leur rapprochement moral de plus en plus avéré. L'archétype du commandant, c'est Napoléon qui bivouaque avec ses grognards, partage leur ordinaire mais s'isole pour étudier. Il est physiquement proche mais moralement distant. Le manager modèle, c'est Sarkozy qui se fiance chez Disney et dort sur des yachts. Il est matériellement intouchable mais se divertit ou s'exprime avec la même vulgarité que le commun. On se souvient du célèbre « Casse-toi… ». Saisissant contraste, à des millénaires de distance, Périclès[1] auquel un « méchant effronté qui fut tout un jour à l'outrager de paroles diffamatoires en pleine place, et à lui dire toutes les injures dont il pouvait s'aviser : ce qu'il endura patiemment sans jamais lui répondre un seul mot ». Le manager est inaccessible mais banal. Le commandant s'efforçait d'être proche et remarquable.

Pour un chef, il est essentiel de rester accessible. S'il ferme sa porte, il se coupe de sa base. Si ses collaborateurs craignent de lui parler, le patron ignorera tout de sa propre organisation. Il ne tardera pas à être entouré de flagorneurs. « Les puissants doivent faire bien comprendre qu'on ne peut leur déplaire en leur disant la vérité », estime Machiavel[2]. Pour tout dirigeant, entendre ce que ses hommes ont à dire forme une obligation professionnelle. Le vrai leader écoute des points de vue divergents pour se forger sa propre opinion. La réalité est plus facile à cerner lorsqu'on dispose de plu-

1. Plutarque, *Vies des hommes illustres*, Gallimard, « Bibliothèque de la Pléiade », 1967.
2. Machiavel, *Le Prince*, *op. cit.*, chapitre XXIII.

sieurs sons de cloche. Par ailleurs, les décisions seront d'autant plus légitimes que leurs adversaires auront pu s'exprimer. Le bureau d'un patron sert toujours de confessionnal. Au chef de trier le bon grain de l'ivraie. Mais si, bénéficiant de confidences, le leader répète ce qu'on lui a confié sous le sceau du secret, plus personne ne s'ouvrira à lui. De même qu'existe un secret de la confession, il y a un secret du commandement. Dans son *Brevarium politicorum*, Mazarin conseille aux souverains : « Ne laisse pas plus facilement approcher un secret que tu ne laisserais un prisonnier, décidé à t'égorger, approcher de ta gorge. » Tout homme investi d'un pouvoir doit tenir sa langue et cultiver ce que les jésuites appellent « l'honnête dissimulation ».

Le secret

L'exercice du pouvoir, petit ou grand, est indissociable du secret, anecdotique ou d'État. Cependant peu de choses doivent demeurer cachées. Le secret est affaire d'exception, non de règle. Or, pour le manager, tout est secret. Tant par manque de confiance en lui qu'en raison de l'absence d'intérêt général (les managers ont toujours quelque chose à cacher, à commencer par le fait qu'ils ne roulent que pour eux !), le manager verse facilement dans la paranoïa. Dans une école de commerce, par exemple, peu d'informations sont confidentielles. La formation est un milieu ouvert. Dans deux établissements différents, j'ai constaté que le moindre plan de cours était considéré comme un secret d'État. Alors qu'il est aisé de se procurer lesdits plans de cours et que les manuels utilisés sont à peu près partout les mêmes !

Dans certaines firmes, cette paranoïa vire au cauchemar. Une poignée de cadres de Renault en a fait récemment l'amère expérience lorsque le P-DG, Carlos Ghosn, sans la moindre preuve, cloua au pilori quatre salariés pour trahison. « Nous avons des certitudes (…) », asséna le patron de la firme au losange au Journal de 20 heures. Avant de reconnaître, quinze jours plus tard, s'être trompé. Cette atmosphère de soupçon généralisé résulte également de l'enfermement des managers.

Le pseudo-chef a l'impression d'être important s'il prend des airs de conspirateur ou installe une broyeuse dans son bureau. Cette volonté de dissimulation est d'autant plus ridicule que les managers communiquent à tort et à travers et ne savent pas protéger les rares secrets qui doivent le rester. Et que toutes les grandes entreprises mettent en œuvre les mêmes stratégies et appliquent les mêmes recettes. Plus le conformisme managérial se répand et plus la parano s'étend.

Le règne de l'image

Parfois brutal à l'égard des subordonnés, le manager se révéle complaisant vis-à-vis de ses rivaux. Pourtant, comme l'avait compris Machiavel, « le Prince qui en rend un autre puissant travaille à sa propre ruine ». Mazarin abonde dans le sens du Florentin : « Dans une communauté d'intérêts, le danger commence quand un des membres devient trop puissant. » Les mêmes qui licencient transfèrent les technologies aux pays émergents ou se laissent racheter. Impitoyable avec les faibles, conciliant avec les forts, le manager écrase au-dessous et caresse au-dessus. Le néodirigeant soigne ses réseaux et ignore cette sentence churchillienne : « Vous avez des ennemis ? Bien. Cela veut dire qu'un jour au moins dans votre vie vous avez défendu vos positions. »

Sarkozy tolérait la posture de défi d'un Copé, son Fouquet, mais ne supportait pas le moindre écart dans l'expression de la doctrine gouvernementale, comme en témoignent les « éléments de langage » qu'il imposait à ses ministres.

Les premiers mois de son mandat, l'étourdissante habileté de Sarkozy à domestiquer les journalistes, à leur offrir un barnum permanent qui les tienne en haleine n'eut d'égal que celle déployée par Louis XIV pour attirer les nobles à Versailles, en créant un fantastique spectacle son et lumière. La lanterne magique du grand roi attirait les puissants afin qu'ils s'y brûlent les ailes et le laissent régner. Le petit président prend le théâtre d'ombres qu'il offre aux journalistes pour la réalité. À l'ère Sarkozy, il n'y a pas d'arrière-plan du pouvoir. Le management confond le réel et le médiatique. Aux yeux du manager d'État, seul le buzz existe. Le président ne tend pas un piège à la presse pour détourner son attention et s'occuper des affaires, il se piège lui-même, il est son premier fan, son premier admirateur. Pour lui, gouverner, c'est causer dans le poste. À rebours de cette logorrhée permanente, Plutarque[1] peint Périclès qui « pour obvier à ce que le peuple ne se soûlât de lui, s'il le voyait continuellement, ne s'approchait de lui, et ne se présentait devant lui que par intervalles, ni parlait de toutes matières ».

1. Plutarque, *Vies des hommes illustres, op. cit.*

Reflet de cette illusion, à l'Élysée comme au siège des grandes firmes, le saint des saints, c'est le service de communication.

Dans n'importe quelle structure ou institution, l'homme ou la femme le plus puissant après le numéro un, c'est le communicant. D'après Franck Frommer[1] : « Selon les experts en communication, le simple fait de communiquer quelque chose en temps de crise est déjà un signe fort et permet de traiter le problème rapidement, même si on n'a rien à dire. »

Nous sommes arrivés à un tel point de dissolution du réel dans l'image que l'on peut se demander pourquoi les gendarmes montent la garde devant les ministères, et non devant les chaînes de télévision ou à l'entrée des grands groupes de presse ou d'Internet, c'est-à-dire là où réside le pouvoir.

À présent, plus un chef est éminent et plus il est entouré de « *spin doctors* » et d'experts en enquêtes d'opinion biodégradables. Ces bruyants bourdons lui expliquent comment butiner l'air du temps. L'horizon temporel du manager se réduit à l'agenda médiatique. Il ne travaille plus pour les siècles mais pour occuper le devant de la scène, *hic et nunc.*

En multipliant par cinq les effectifs dévolus à l'image à l'Élysée, Sarkozy incarne encore le manager type. Le néochef d'État ne veut pas faire l'Histoire mais rester dans l'actu.

À l'époque du commandement, plus le leader était grand et plus il se concentrait sur le long terme, plus il était absorbé par des projets conçus pour lui survivre. Des pyramides du Caire jusqu'à celle de Pei, l'architec-

1. Franck Frommer, *op. cit.*

ture et le pouvoir avaient toujours eu partie liée, du moins tant que les chefs visaient la postérité plutôt qu'un point de plus dans le prochain sondage.

Louis XIV et Colbert plantaient des arbres pour que Suffren, de Grasse et La Motte-Picquet disposent d'une grande marine de guerre. Les arbres mettront un siècle à pousser : preuve que Louis XIV ne visait pas seulement sa gloire terrestre, il œuvrait aussi pour celle du royaume.

Selon Jean-Christian Petitfils[1], le Conseil du Roi (préfiguration du Conseil des ministres) « n'est qu'une institution consultative (…) Au roi seul de prendre les décisions importantes ». Le manager exige l'unanimité de surface mais tolère les divisions. Louis XIV stoppa net l'ascension d'un Fouquet qui lui disputait le pouvoir. Le Roi-Soleil était fort jaloux de ses prérogatives.

L'antithèse absolue du management qui se défausse est offert par le jeune Louis XIV, un matin du 16 mars 1661 : « Messieurs, je vous ai fait rassembler pour vous dire que j'ai, à présent, bien voulu laisser gouverner mes affaires par feu Monsieur le Cardinal [Mazarin], il est temps que je les gouverne moi-même. Vous m'aiderez de vos conseils quand je vous les demanderai. » La raison d'être du chef est d'abord de prendre lui-même les décisions ou à tout le moins de les assumer.

1. *Louis XIV*, *op. cit.*

CHAPITRE 7

Surveiller et séduire

« Rusé comme le serpent et innocent comme la colombe. »

MATTHIEU, 10.

Guidés par des procédures de plus en plus strictes, les managers gèrent plus qu'ils ne décident. Influencés par le modèle néoclassique, les managers servent leurs intérêts personnels. Moutonniers, indécis, égoïstes et ingrats, nos drôles de chefs devraient éprouver quelques difficultés à motiver leurs troupes. Dès lors, comment le management parvient-il à susciter l'adhésion et à exercer l'autorité ?

Une autorité diluée

Selon l'ancien manuel d'instruction de l'armée française, « la discipline faisant la force principale des armées, il importe que tout supérieur obtienne de ses subordonnés une obéissance entière ».

Dans l'entreprise managériale, le patron tutoie, appelle par son prénom. Les vendredis sont sans cravate et le maintien d'une distance respectueuse n'est plus une condition nécessaire d'exercice de l'autorité.

Interpellé par un militant : « François, on peut te tutoyer ? », François Mitterrand n'était pas encore chef de l'État lorsqu'il répondit : « Comme vous voudrez ! » Nos actuels « managers » de la République n'hésitent pas à appeler leurs ministres par leur prénom : « Bernard, Brice, Rama, Rachida ! »

Un consultant en organisation expose les pratiques observées au cours des quinze dernières années dans les grands groupes : « Lorsque cela ne va pas, les managers ne disent rien à leurs collaborateurs, ils expliquent qu'ils ne veulent pas leur faire de peine. Ils n'osent pas. Parfois, ils se répandent en reproches et cela revient aux oreilles des intéressés qui, généralement, tombent des nues ! »

Jadis, exercer l'autorité, c'était coûte que coûte se tenir prêt à replacer ou à exclure du cadre. En France, le droit du travail reconnaît toujours aux patrons un pouvoir de sanction.

Une avocate remarque : « Les dirigeants n'usent presque pas de leur pouvoir hiérarchique avant de licencier. Les avertissements sont de plus en plus rares. » Nous sommes au cœur du paradoxe managérial. N'osant maintenir leur autorité, les nouveaux patrons n'hésitent pourtant pas à « vider ». Le directeur qui commandait savait se montrer ferme et exigeant mais protégeait l'emploi et augmentait ses collaborateurs. En abolissant la distance hiérarchique, le sommet de l'entreprise ne cherche pas à se rapprocher de sa base. Cette égalité apparente trahit avant tout le fait qu'un même cadre n'unit plus haut et bas.

Ne plus rien ordonner

Le commandant plaçait ses subordonnés dans un cadre net : « Faites ceci » et jugeait de la bonne volonté déployée. Le manager inverse la charge de la preuve : « Faites comme vous voulez », seul le résultat sera pris en compte. Le chef jugeait, le manager évalue. Le premier se fondait sur une autorité hiérarchique qui lui donnait le droit d'apprécier, c'est-à-dire de se mettre à la place du salarié. Il tenait compte de ses capacités et de ses difficultés. Le second chiffre des résultats tout en se désintéressant de la manière de les atteindre.

Des tribus préhistoriques aux usines des années 1970, la manière d'ordonner n'avait guère changé. Les chefs formulaient des instructions n'ayant besoin d'aucune justification. Ordonner avait toujours exigé de s'exprimer, si possible de vive voix, sans hausser le ton mais de manière claire et assurée.

Les managers recourent au mail pour donner des instructions. C'est pour eux un moyen de se couvrir, c'est aussi un moyen d'esquiver la relation d'autorité. Jadis, celui qui dirigeait employait l'impératif, temps naturel du commandement. Dans ses écrits, le manager abuse de l'infinitif[1], « temps plus froid, moins amène, plus technique que l'impératif ; il se contente de donner la marche à suivre sans faire de sentiment. Il est en effet, par définition, impersonnel. Avec lui, l'injonction semble n'émaner de personne et ne s'adresser à personne ».

Pédagogue, le commandement cherchait à être compris du plus grand nombre, tout en prenant soin de s'exprimer

1. Alain Frontier, *La Grammaire du français*, Belin, 1997.

dans une langue châtiée. Les chefs d'aujourd'hui jargonnent. « Les fautes d'orthographe sont pléthore (…) Les expressions stéréotypées pullulent, à l'écrit comme à l'oral. Je me rapproche de Gérard et je reviens vers toi dès que possible concernant les soucis en termes de planning. (…) Tous les barbarismes, abréviations, anglicismes sont employés par habitude ou imitation. Grégory, chef de projet chez Unilog, définit le phasage d'un projet, prépare les livrables et délivrera des reportings d'analyse[1]. » Ce qui se conçoit bien ne saurait donner lieu à des e-mails nébuleux et rédigés dans un franglais approximatif.

Le développement d'une novlangue managériale révèle que les managers ne savent pas ce qu'ils veulent.

À l'écrit et à l'oral, les managers s'expriment en globish. Certains grands patrons dans leur siège parisien, au milieu d'un état-major francophone, n'hésitent plus à tenir leur réunion dans la langue de Shakespeare. Comme l'écrivent Alexandre des Isnard et Thomas Zuber[2] : « Cela fait beaucoup plus professionnel d'implémenter que de mettre en place une solution. Quand vous éditez des coupons de réduction, dites que vous "implémentez" une opération de couponing. Quand vous rédigez un document, faites allusion au wording. Quand vous suivez un projet, vous faites du monitoring (…) Quand vous remplissez votre timesheet sur Internet, vous faites du reporting. »

Le manager n'ordonne plus rien de précis.

Lorsque plusieurs points de vue s'affrontent, le manager ne tranche pas, il finasse. Fort justement, Bill

1. *L'open space m'a tuer, op. cit.*
2. Alexandre des Isnard et Thomas Zuber, *op. cit.*

Cosby disait : « Je n'ai pas la recette du succès. Mais pour échouer, il suffit de vouloir contenter tout le monde. » Désormais, les individus sont trop fragiles pour supporter la critique et les managers trop couards pour les affronter.

L'art managérial recommande l'écoute. Mais il ne s'agit pas d'entendre ce que les salariés ont à dire et encore moins d'en tenir compte. La plupart du temps, les décisions sont déjà prises, avec la complicité des cabinets extérieurs. Si les managers font parler leurs collaborateurs, c'est pour que ces derniers se soulagent comme pour compenser la réalité, perceptible par tous, que les subordonnés n'ont plus voix au chapitre. L'écoute recommandée rappelle les conseils prodigués aux soignants en psychiatrie : laisser le patient s'épancher, surtout ne pas le contredire, faire mine d'acquiescer, lui parler à voix basse. Ce que Freud appelait « l'attention flottante ».

Travailler en mode projet

Un cadre hiérarchique supposait l'existence d'une organisation claire. Un subordonné commandé ne devait dépendre que d'un responsable. Aujourd'hui, les salariés sont fréquemment soumis à l'autorité de deux ou trois managers. Parfois, ils ne savent plus de qui ils dépendent.

Président de l'association nationale des DRH, Jean-Michel Sciberras reconnaît[1] les inconvénients du travail matriciel : « Dans l'automobile, on a décidé de mettre

1. *Une politique du travail*, actes du colloque du 9 janvier 2012 organisé par la Fondation Res publica.

en place des plateformes véhicules avec un chef de projet dont l'objectif sera la voiture. (...) Pour se concentrer sur le produit final, ce chef de projet fait appel à toutes sortes de forces : les spécialistes des freins, des moteurs, des essuie-glaces, etc. Tous ces gens vont travailler pour lui mais il n'est pas leur chef hiérarchique. (...) Le salarié se retrouve au cœur de contradictions : son chef hiérarchique, dans sa spécialité, lui fixe des priorités inconciliables avec les demandes des directeurs de projets. Ceci provoque des tensions constantes (...) »

D'après la doxa en vigueur, la complexité des tâches à accomplir imposerait des organigrammes incompréhensibles. Beaucoup d'étudiants m'indiquent que joindre un organigramme à leur rapport de stage leur est très difficile. Ce document est soit secret soit inexistant. Qui est le chef de qui ? Dans l'entreprise managée, plus personne ne sait répondre. Dans l'entreprise managée, il n'est pas rare que tout le monde (mis à part peut-être la standardiste « externalisée ») possède le statut de cadre.

Bombardez les états-majors !

Le cadre offert par le management est flou. Il est aussi changeant. Le rapport annuel d'Orange, en 2009[1], exprime ce bougisme érigé en principe de gouvernement : « (...), il importe que le groupe adapte ses structures et ses processus en permanence. » Dans la plupart des entreprises, les « réorgs » succèdent aux « réorgs »

1. Bruno Diehl et Gérard Doublet, *Orange, le déchirement*, Gallimard, 2010.

au nom de la sacro-sainte mobilité ! Les managers modifient perpétuellement le cadre et remplacent régulièrement ceux qui l'incarnent. Un phénomène qui rappelle l'emballement des machines totalitaires décrit par Hannah Arendt. Même lorsqu'un patron donne satisfaction, la doctrine managériale conseille de le remercier au bout d'un certain temps. Aussi les salariés ont-ils rarement le temps de s'habituer à lui. Un cadre industriel témoigne[1] : « Au bureau, la valse-hésitation des chefs se poursuit. Ils arrivent, ils repartent, et ce avant même qu'on ait le temps de s'habituer à eux. »

Un autre moyen d'abîmer l'autorité consiste à soumettre les cadres à l'appréciation de leurs subordonnés. Cela s'opère grâce à l'emploi de questionnaires informatisés et anonymes. En entreprise, on parle de « *people surveys* ». Ce type d'enquêtes est pratiqué par unité géographique ou par service. Un mauvais « *survey* » et le responsable risque un blâme. Deux mauvais « *surveys* » et c'est la porte. Il peut aussi s'agir de ce que les spécialistes appellent un « 360 ». Une DRH explique[2] : « Les 360 répondent à une logique croisée : du bas vers le haut, on dit dans notre jargon bottom up, et du haut vers le bas, top down (…). Bref, l'objectif du 360 degrés est de donner la main à ceux qui ne l'ont pas habituellement, leur proposer un moyen de faire remonter ce qu'ils perçoivent et comment ils vivent les choses. C'est pour cela que nous leur proposons la confidentialité. » Dans ce système, chacun est soumis à une pression maximale. Le manager doit atteindre des objectifs hors d'atteinte ou à tout le moins extrêmement

1. Vincent Talaouit, *op. cit.*
2. Jean-Philippe Desbordes, *Management Circus*, *op. cit.*

ambitieux. Il est donc incité à pressurer ses troupes. Celles-ci, si on leur offre l'occasion de le juger, vont la saisir et se « lâcher ».

Avec son slogan « Bombardez les états-majors ! », Mao Tsé-Tung excita les adolescents chinois et les lança contre les cadres de son parti. Exemple tragique et isolé, cette « révolution culturelle » initiée par le sommet fit plusieurs millions de morts et causa un indescriptible chaos.

Dans les entreprises managées, les directions bombardent quotidiennement leurs services, en créant des comités Théodule. Au Pôle universitaire Léonard-de-Vinci, un DG avait cru bon de créer un organe « pour lancer des nouveaux projets en court-circuitant la hiérarchie ». Ce « machin » aux contours volontairement flous (« pour ne pas s'enfermer ») était composé de certains chefs de service (pas de tous !) mais aussi de personnalités dépourvues de toutes responsabilités. Inévitablement, cette mystérieuse structure suscita craintes et jalousies de la part de ceux qui n'en étaient pas.

Cette révolution permanente est assumée. Des consultants[1] expliquent : « Accélération des réorganisations, vite pensées, vite défaites. Méthode bien connue et pratiquée dans les entreprises pour maintenir la pression, souvent mise en œuvre par un dirigeant en difficulté qui veut asseoir son pouvoir sur les collaborateurs en leur assignant des missions contradictoires. » Assigner des missions contradictoires à ses hommes, à moins de vouloir s'en débarrasser, aucun chef, à aucune époque, n'avait encore osé le faire ! Nos

1. Bruno Diehl et Gérard Doublet, *op. cit.*

deux conseils en management enfoncent le clou : « Les grands cabinets pratiquent couramment la déstabilisation permanente des directions, départements et services. »

Vaincre la résistance au changement

Dans les entreprises, ce culte du changement pour le changement est tel que l'une des activités favorites des managers consiste à vaincre, chez leurs salariés, ce qu'ils appellent la « résistance au changement ». Les experts en management et autres formateurs vendent à prix d'or des séminaires de « conduite du changement ». Reconnaissant que l'être humain résiste aux bouleversements, les managers refusent d'admettre que stabilité et sécurité forment des besoins existentiels. D'ailleurs, plus un environnement est mouvant et plus les chefs doivent y maintenir des habitudes. Dans les sous-marins nucléaires, environnement angoissant[1] s'il en est, le jour et la nuit sont marqués par des ambiances lumineuses de couleurs différentes.

Le cadre hiérarchique offrait unités de temps et de lieu. Les chefs avaient toujours été attentifs à la ponctualité. Le manager, lui, se fiche des horaires. Venez à l'heure que vous voulez, dit-il, mais je veux du résultat ! Le commandant savait que le respect des horloges fondait mais aussi bornait son autorité. Pour le néopatron, le travail ne s'arrête jamais. Qui n'a jamais vu un cadre sup, sur la plage, « *checker* ses mails pour le boulot » ?

1. À l'exception du commandant, nul ne doit savoir si les ordres de tir reçus régulièrement lors d'une campagne sont ou non réels.

Le dessinateur Voutch[1] a croqué ces managers qui ne débranchent jamais : l'un d'eux, face à la mer, regarde passer un avion qui tire une banderole : « Rebranchez votre portable, Bouchard ! »

Ce mépris du temps est aussi, trop fréquemment, celui des personnels. Un P-DG d'ITT[2] avait convoqué ses collaborateurs, répartis dans le monde entier, ignorant délibérément les fuseaux horaires, pour une réunion virtuelle. L'entreprise néotaylorienne n'a pas restauré le travail de nuit mais impose parfois à ses cadres de travailler nuit et jour, week-end compris.

Ignorant le temps, le manager néglige l'espace. Dans l'entreprise managée, on travaille n'importe où, surtout en open spaces dans lesquels toute intimité est supprimée. On travaille aussi partout. Y compris et, de plus en plus, chez soi. Corinne Guillemin[3], directrice du développement social chez Axa, explique : « Nous avons expérimenté le télétravail, avec une centaine de salariés. Nous avons constaté un meilleur équilibre de vie. » Le télétravail peut certes parfois épargner aux salariés les désagréments des transports. Il n'en reste pas moins qu'il est souvent subi. La frontière entre vie privée et vie professionnelle est désormais des plus labile.

« Le travailleur entrepreneur (...), constate Robert Castel[4], est soumis à une évaluation continuelle de ses “motivations”, de son “implication” dans les “projets”,

1. Voutch, *Le Monde merveilleux de l'entreprise*, Le Cherche Midi, 2009.

2. Nicole Aubert et Vincent de Gauléjac, *L'Idéologie gestionnaire*, *op. cit.*

3. « Carnets RH » de *L'Express*, *op. cit.*

4. Jean-Claude Monod, *op. cit.*

surveillé dans la façon même dont il “prend soin de lui-même”, jusque dans sa façon dont il pratique ou non un sport, contrôle ou non son poids, voire “sait s’amuser”. »

Hannah Arendt fit cette terrible remarque : « Dans l’Allemagne hitlérienne, le seul homme libre est celui qui rêve. » On peut se demander si l’entreprise managériale n’est pas parvenue à peupler jusqu’aux songes de ses employés.

Les salariés doivent être plus que souples et adaptables, nomades. Un salarié d’Orange témoigne[1] : « Le 31 décembre 2008, à 18 heures, c’est par courriel que j’ai reçu mon ordre de mission. Il m’enjoignait d’être en poste le 5 janvier au matin, à Lille, à cinq cents kilomètres de chez moi. »

Leur nouvelle autonomie se paye. Le collaborateur émancipé a signé un pacte faustien avec son chef : ce dernier n’exige plus rien mais attend tout. Auparavant, le patron mobilisait la volonté du salarié, le manager table sur sa bonne volonté. Le chef exigeait que ses subordonnés fassent leur travail, le manager attend qu’ils surperforment. Cherchant ainsi à impliquer totalement ses subordonnés, le manager se heurte à trois contradictions.

Première contradiction que recèle l’entreprise managériale : se faire mieux obéir en ne donnant plus d’ordres. La firme taylorienne commandait une main-d’œuvre moins individualiste. L’entreprise managériale emploie des gens qui n’en font qu’à leur tête et attend qu’ils devancent ses désirs. Les mœurs dévalorisent l’obéissance mais le manager mobilise ses salariés corps et

1. Vincent Tallouit, *op. cit.*

âme. Ce résultat, les managers ne l'obtiennent qu'en persuadant le salarié qu'il œuvre moins pour l'entreprise que pour lui-même. Le travail, expose une charte d'entreprise[1], « doit devenir le lieu de la réalisation de soi, de l'épanouissement de chacun, des clients comme des collaborateurs (...) ».

Seconde contradiction que comporte l'autorité, revue et corrigée par le management : obtenir des troupes qu'elles s'épanouissent, en les payant moins et en ne leur garantissant aucune sécurité. Les managers voient leurs subordonnés comme des coûts à minimiser mais les invitent à considérer l'entreprise non comme un moyen mais comme une fin. Plus les décideurs regardent leur firme comme une machine à cash, plus ils cherchent à convaincre leurs salariés du contraire. « Pour nous, managers, expose la charte de la firme Philips[2], notre credo doit être : je comprends le projet de l'entreprise et j'y crois. Je me sens personnellement engagé à contribuer à ses réalisations à travers mon adhésion à nos convictions, nos valeurs et nos idéaux. » C'est toute l'ambition du management dit participatif.

Troisième contradiction : standardiser tout en faisant appel à l'initiative individuelle. Sollicitant la créativité et l'intelligence de leurs collaborateurs, les managers les soumettent à une production de plus en plus normée. Une salariée témoigne : « On nous demande de travailler comme on peint au pochoir, de ne pas sortir du process. En même temps, on nous demande notre avis, franchement, c'est n'importe quoi ! »

1. *In* Nicole Aubert et Vincent de Gaulejac, *op. cit.*
2. *The Philips Way.*

La réponse du management à ces trois contradictions consiste à déployer des techniques de manipulation toujours plus sophistiquées. Ce que certains sociologues ont appelé le néotaylorisme. D'autres auteurs évoquent une taylorisation libidinale. Il ne s'agit plus de se faire obéir mais de séduire pour que chaque salarié intériorise ses tâches et confonde ses intérêts avec ceux de l'entreprise. Les multinationales visent désormais « l'implication totale des salariés dans leur travail ou encore le développement d'un sentiment d'appartenance ». Le système managérial ne cherche plus à imposer un ordre extérieur mais à susciter l'adhésion de l'individu à un projet collectif qui stimule son imaginaire et auquel il s'identifie. Selon, Isaac Getz[1], professeur à l'ESCP Europe, dans les entreprises libérées, il n'y aura bientôt plus besoin de managers tellement les salariés auront intériorisé les contraintes : « Des salariés libres et responsabilisés pour mener à bien les actions qu'ils considèrent comme les meilleures pour l'entreprise. Sans chef ni procédure. » Selon Tom Peters et Robert Waterman[2], auteurs d'un best-seller de la littérature managériale, le dirigeant doit « apprendre à ne plus diriger » et se penser comme « l'animateur d'un groupe d'animateurs, eux-mêmes animateurs ». On retrouve une idée que nous avons déjà évoquée et qui fait du chef la persistance d'une forme d'irrationalité dont l'humanité gagnerait à se débarrasser. Carl Schmitt[3]avait pressenti le triomphe de cette illusion

1. Isaac Getz et Brian Carney, *Liberté & Cie*, Fayard, 2012.
2. Tom Peters et Robert Waterman, *Le Prix de l'excellence*, Dunod, 1999.
3. Carl Schmitt, *La Notion de politique*, Flammarion, 1992.

lorsqu'il dénonçait « l'élimination de la domination subjective du politique sur l'objectivité de la vie économique ».

Vendre des valeurs

Les entreprises ont compris la soif de reconnaissance et d'appartenance de leurs salariés. C'est le ressort principal des marques, qui exploitent l'identité mal assurée des consommateurs en leur offrant d'acheter du sens, de l'image ou des valeurs.

Les managers n'ont plus que les termes « durable » et « responsable » à la bouche. Sur le site de Total, le P-DG Christophe de Margerie prend des accents de prédicateur mormon : « Notre pérennité et notre croissance ne peuvent se concevoir sans le partage d'un patrimoine commun de valeurs éthiques et de principes. » Le pétrolier a d'ailleurs créé un poste de responsable de l'innovation sociétale. Dans ses publicités, McDonald vante l'équilibre alimentaire. Ferrero, qui produit une célèbre pâte à tartiner bourrée d'huile de palme, explique que la croissance des enfants forme sa principale préoccupation. Chez L'Oréal, on persuade les cadres que, grâce aux dons de la multinationale cosmétique en faveur des femmes atteintes d'un cancer, leur travail quotidien sert à reconquérir leur dignité. Dans sa charte, Shell affirme : « Vouloir limiter l'impact de ses activités » et son P-DG France explique que sa compagnie « ambitionne de devenir l'un des leaders mondiaux dans la réduction de gaz à effet de serre ».

Selon Damien Desjonquères[1] : « Ces stratégies hybrides, qui visent à améliorer la compétitivité des entreprises en résolvant des problèmes sociaux ou sociétaux, intéressent de plus en plus les cadres en quête de sens dans leur travail. » Des entreprises comme SFR, la SNCF, IBM, Ferrero, Leroy Merlin, BNP Paribas ou GDF-Suez pratiquent ce qu'elles appellent le « mécénat des compétences » en transférant gratuitement une partie du labeur de leurs cadres à des associations ou à des ONG afin de leur permettre de « s'accomplir ». L'idée suivant laquelle le travail offre d'abord un moyen de gagner sa vie a donc vécu. Des publicités promettent aux futurs collaborateurs d'un grand groupe industriel de « vivre des missions clés. Les ingénieurs de Safran permettent à des millions de voyageurs de parcourir le monde, tout en réduisant leur impact sur l'environnement » ou encore « les ingénieurs de Safran permettront à 840 millions d'Indiens d'avoir une carte d'identité ». Les cadres ne sont plus invités à postuler mais à « participer à une grande aventure », à « partager des valeurs » ou à « se réaliser ». La frontière entre la vie personnelle et professionnelle s'estompe.

Les managers s'attachent également leurs salariés en leur faisant cadeau de week-ends ou de téléphones. Symboles de reconnaissance mais aussi moyens d'envahir l'existence de leur salarié, smartphone dernier cri ou PC portable, fournis par la boîte, garantissent que le cordon ombilical ne sera jamais coupé avec cette mère de substitution qu'est l'entreprise.

---

1. Responsable de l'innovation sociétale chez Total, cité par les « Carnets RH » de *L'Express*, *op. cit.*

Les séminaires de motivation ou « *team building* » créent un sentiment de communauté artificiel. Dans les entreprises, on parle de « salaire émotionnel ». Le terme sonne comme un aveu.

Les entreprises offrent à leurs salariés des signes de reconnaissance, comme une place de parking, un numéro privilégié d'appel pour les taxis ou une carte d'abonnement à une compagnie aérienne, avec miles à la clé. Les managers distribuent des tee-shirts, des sacs, des bracelets brésiliens pour motiver leurs troupes. Une société comme Nike exerce une telle fascination sur ses salariés que certains tatouent son logo sur leur cheville.

La marque employeur

La mode est au développement de ce que les spécialistes appellent la « marque employeur ».

Signe de cette transformation des salariés en clients, les DRH sont de plus en plus confiées à des marketeurs. Chez Accor, un ancien patron du marketing est désormais en charge de la gestion des carrières.

Un excellent moyen de restaurer la « marque employeur » consiste à s'inspirer des grandes firmes du secteur high-tech, fondées et dirigées par des patrons à peine sortis de l'adolescence. Ces dernières, à l'instar de Google, aménagent des lieux récréatifs, salles de jeux, complexes sportifs ou saunas dans leurs locaux pour contribuer au bien-être de la main-d'œuvre. Du temps des start-up, en plein dans la bulle des années 2000, certaines entreprises s'étaient équipées d'un lave-linge et organisaient des soirées « *open bar* » tous les vendredis soir pour les salariés et leurs amis. Autre illustration de cette grande offensive de séduction, certaines sociétés jouent la carte de la convivialité. « Chez Actis, explique un jeune cadre[1], ça dégouline de positif. Sur l'Intranet, c'est la fête, le trombinoscope est un "souriroscope". Les documents types finissent toujours par un petit smiley ou un "Merci pour votre écoute et à bientôt". » Une association « entreprise et convivialité », créée par le P-DG du cabinet Inergie[2], incite les grands groupes à organiser des petites sauteries pour se donner un air aimable. Orange, La Poste, Ipsos, Danone ou Boiron organisent ainsi des moments festifs rapprochant salariés et managers. Le groupe Happychic rassemble chaque mois ses salariés pour « échanger et présenter les nouveaux projets ».

Réunir l'ensemble du personnel : ce qui passe pour une innovation ébouriffante est terriblement banal. Les chefs du passé avaient toujours pris soin de faire participer l'ensemble du personnel aux événements célébrant l'unité. Dans certaines multinationales, chez Lagardère par exemple, les grand-messes servent à distinguer certains salariés de haut rang et excluent le petit personnel. Il y a ceux qui ont reçu le carton et ceux qui ne l'ont pas.

Hier, grâce aux Noëls d'entreprise ou à des déjeuners communs, les patrons soudaient haut et bas. La participation des petits était d'autant plus souhaitée que ces derniers éprouvaient généralement plus de fierté. Rappelons Jaurès : « La patrie est le bien de ceux qui n'ont rien. » Un dîner d'entreprise devrait être à l'entreprise ce que le carnaval était à la cité : une

1. Alexandre des Isnard et Thomas Zuber, *op. cit.*
2. « Carnets RH » de *L'Express*, *op. cit.*

parenthèse ludique renforçant d'autant mieux l'unité qu'elle inverse les rôles.

Les dirigeants pratiquent ce qu'ils appellent « *l'incentive* », c'est-à-dire qu'ils cherchent à séduire les collaborateurs qu'ils jugent utiles. L'un des moyens utilisés consiste à faire sentir au top management qu'il bénéficie d'un traitement à part. Jusque dans ses efforts pour renforcer la cohésion, le management tend à séparer.

Dans les entreprises, on ne parle plus d'équipe au singulier, comme si l'unité collective était devenue un gros mot, mais « des équipes ». Le cadre d'un grand cabinet de RH explique : « Ceux à qui l'entreprise donne un iPhone, accorde une voiture de fonction ou convie à des réunions avec l'état-major changent de comportement. Du jour au lendemain, ils ne vous adressent plus la parole. » Le management isole les « hauts potentiels » pour les fidéliser comme des clients.

Individualiser les performances ou le grand retour de Stakhanov

La politique salariale du manager est axée sur l'individualisation des performances. Les nouvelles technologies de l'information mesurent la contribution de chacun et la comparent à celle des autres. La mode managériale recommande d'indexer la rémunération sur les résultats individuels mais aussi d'afficher les prouesses des plus productifs. L'employé du mois, popularisé par McDonald, signe le retour de Stakhanov. Ce dernier était devenu héros de l'URSS en pulvérisant le record d'extraction de charbon. D'après la propagande soviétique, l'imitation de ce mineur de l'Oural décupla la production. Pour les historiens, le stakhanovisme fut synonyme de fraudes, de gabegies et de sabotages.

De prime abord, ce lien entre performance et rémunération paraît sain. Si je travaille mieux que mon collègue, pourquoi ne serais-je pas mieux payé que lui ? Les managers espèrent entraîner les retardataires. Mais la plus belle fille du monde ne peut donner que ce qu'elle a. Certains sont rapides, d'autres lents. Et l'individualisation des rémunérations engendre surtout des tensions. Les plus performants refusent d'aider ceux qui le sont moins. Dans un tel système, pour gagner plus, soit je produis davantage, soit je fais en sorte que mon collègue produise moins. En introduisant la concurrence au cœur de l'entreprise, laquelle est déjà un système de forces centripètes et centrifuges, les managers risquent de la paralyser.

Le licenciement : pensez-y toujours, n'en parlez jamais !

En toile de fond, la menace du chômage. Celle-ci forme le sel du management, son principal adjuvant. « Pensez-y toujours, n'en parlez jamais », disaient les Français des années 1870 à propos des provinces perdues de l'Alsace-Lorraine. Les salariés n'évoquent jamais le licenciement mais y songent constamment. Sans expérience, le salarié est inemployable. Avec trop d'expérience, il le redevient. À moins de trente ans et à plus de cinquante ans, un travailleur est extrêmement vulnérable.

Individualiser les performances et menacer les salariés de chômage, c'est transformer l'entreprise en lieu d'affrontements. Chacun est prêt à tout pour se faire bien voir, pour faire mieux que le voisin, pour le dénoncer, etc. La collectivité explose. Si aider mon collègue, c'est risquer de perdre le moyen de nourrir ma famille, alors je ne lui ferai aucun cadeau.

Rien de surprenant à ce que dans la plupart des entreprises règne un climat d'agressivité larvée. Dans le même temps, le management dépense énormément d'argent et d'énergie pour favoriser « la transversalité entre les équipes ».

La manipulation en entreprise, business as usual

En entreprise, la manipulation est partout. Banalisée, elle ne surprend plus. Une étudiante m'a raconté s'être vu promettre un CDI par une grande société avant que cette dernière lui explique que, étant en plein plan social, elle ne pourrait lui proposer qu'un CDD. Le lendemain, le CDD devenait CDD par portage. Après quelques mois, un DRH lui présenta son successeur en lui demandant de transmettre sa « *to do list* ». Je demandai à cette étudiante si elle était choquée : « Non, me dit-elle, c'est la loi de l'entreprise ! »

Autre scène tirée de ce qu'il faut, hélas, considérer comme la chronique ordinaire de la vie de bureau : un cadre est chargé par une multinationale de mener une enquête sur un plateau téléphonique. Sur place, on évoque des cas de souffrance au travail, de dépressions, d'arrêts maladie, etc. Le chargé de mission sollicite des volontaires pour témoigner puis rédige un rapport concluant que les risques sont avérés. Aussitôt, l'entreprise ferme le site. *Business as usual.*

Le cadre supérieur d'un grand opérateur de téléphonie me confie, sous couvert d'anonymat, que sa hiérarchie lui a expliqué comment envoyer un mail agressif ou impliquant une tâche particulièrement lourde, le vendredi soir, à des collaborateurs dont l'entreprise veut se débarrasser. « Comme ça, il a le temps d'y penser pendant tout le week-end. »

Dans l'entreprise managée, bienveillante ou malveillante, la manipulation est structurelle. Dans un grand groupe de ressources humaines, les membres du comité de direction pratiquent, une fois par mois, ce qu'ils appellent la revue des talents. Lors de cette réunion, les responsables pointent les risques que comporte chaque salarié. Un risque négatif impose de monter un dossier de licenciement. Un risque positif signifie que le collaborateur peut s'employer ailleurs. La revue des talents inscrit l'un à un séminaire de *team building* tandis qu'elle pousse l'autre vers la sortie. Les salariés sont des pions que le manager déplace. Toute notion de justice est évacuée. Le traitement des personnels est clinique.

Dans un cabinet d'*outplacement*, les ordinateurs sont programmés pour signaler la date anniversaire des collaborateurs. Une alarme se déclenche et une procédure est appliquée. Le manager convoque son équipe et offre un cake au héros du jour. La taille de la pâtisserie dépend de la position hiérarchique de l'intéressé. Un bon manager se doit ainsi d'être un bon manipulateur.

L'une des techniques les plus utilisées consiste à demander aux cadres de s'autoévaluer, ce qui traduit à la fois leur démission et leur perversité. En effet, on n'est jamais aussi dur qu'avec soi-même. Une fois la grille remplie, voici le genre de dialogue auquel on peut aboutir :

« Selon la grille MBTI, tu te situes dans le pôle F (*feeling*) et la catégorie P (*perception*).

– C'est-à-dire ?

– F, c'est que tu intègres tes valeurs et ton ressenti dans tes jugements, et P, ça signifie que tu restes ouvert aux influences extérieures.

– Et c'est bien ?

– C'est pas mal pour un junior, mais t'as une bonne marge de progression. Je te fixe comme objectifs les catégories type T (*thinking*) et J (*judgmental*). »

La grille MBTI, Myers-Briggs Type indicator, est un test qui permet de classer les personnalités.

De nombreuses techniques de téléguidage sont enseignées aux cadres. L'un d'eux[1] témoigne : « Nous venons de faire connaissance avec la méthode DESC : D comme description, par exemple : Tu as un pull noir ; E comme expression : Moi, je trouve ça triste le noir ; S comme suggestion : Tu devrais peut-être envisager de t'habiller autrement qu'en noir ; C comme compromis : Tu en penses quoi ? »

Dans un livre, deux consultants exposent les travaux pratiques proposés à de futurs managers[2] : « Vous devez réduire de 50 % les effectifs de votre plateforme, vingt-cinq personnes doivent donc partir… (…) Parmi elles, il y a un collaborateur dont la mère a une maladie grave et qui va lui rendre visite chaque jour. (…) Comment vous y prenez-vous pour le faire partir ? »

1. Vincent Talaouit, *op. cit.*
2. Bruno Diehl et Gérard Doublet, *op. cit.*

Dans ce type de séminaire, on apprend aux « managers de managers » à créer l'empathie pour déstabiliser. Le Grand Livre de la stratégie du Boston Consulting Group[1] recommande une technique qui doit conduire les collaborateurs dans « la vallée du désespoir » et déclencher chez eux ce qui ressemble à s'y méprendre à une dépression nerveuse.

Tout l'arsenal de la psychologie et des sciences cognitives est mobilisé. Il s'agit de s'attaquer à l'inconscient du salarié pour le faire agir à son insu. Les « managés » deviennent des rats de laboratoire soumis à des stimuli : une prime par-ci (l'équivalent d'un morceau de nourriture), une délocalisation par-là (l'équivalent du choc électrique). On se situe aux antipodes du commandement : respecter ses subordonné, faire preuve de loyauté à leur égard, ne jamais les trahir.

La motivation se fondait sur le respect et l'adhésion. Quiconque commandait des hommes s'efforçait de mobiliser leurs qualités : loyauté, courage, dévouement, altruisme, etc. Désormais, peur, narcissisme ou cupidité fournissent les principaux leviers d'obéissance. Le chef s'attachait à exalter les vertus et non à flatter les vices. Symétriquement, le commandement imposait le respect d'un principe hiérarchique qui rassurait le subordonné, fondant mais aussi limitant l'autorité. Cette autorité était d'autant plus forte que le chef y ajoutait un supplément d'âme. Nietzsche a raison : « L'Évangile ne mène pas à l'empire » et l'Évangile lui-même recommande aux chefs d'être « rusé comme le serpent et innocent comme la colombe ». Aussi, le management pèche moins par amoralité que par maladresse.

1. Vincent Talaouit, *op. cit.*

Le néotaylorisme inverse les polarités du commandement

Le bon exercice de l'autorité est exposé dans *Le Prince*[1]. Machiavel y conseille à César Borgia qui vient de s'emparer de la turbulente Romagne d'y mander Rémy d'Orque, « homme cruel et expéditif », pour rétablir l'ordre. Le calme revenu, le penseur florentin recommande au Prince de sacrifier son homme de main afin de montrer que, « s'il y avait eu quelque cruauté, elle n'était pas venue de sa part, mais de la mauvaise nature du ministre ». Conseil suivi à la lettre par Borgia qui « un matin, à Cesena, fit mettre Rémy d'Orque en deux morceaux, au milieu de la place, avec un billot de bois et un couteau sanglant près de lui ». Ainsi tout pouvoir comporte sa part d'ombre et aucun n'est exempt d'un minimum de cynisme. Ce qui frappe dans le management, ce n'est donc pas qu'il manipule, c'est qu'il manipule bêtement. Le management est dur là où le commandement était doux. La manipulation a remplacé le respect, la défiance a succédé à la confiance, la division à la cohésion.

Le management est également mou là où le commandement était ferme. Démagogie, séduction, intéressement et menaces remplacent distance et obéissance. Jadis exceptionnelle, la manipulation devient la norme. La règle des chefs avait toujours été d'éviter de contraindre ou d'acheter. Manipuler, cela ne marche qu'un temps et à dose homéopathique.

1. Machiavel, *Le Prince*, *op. cit.*, chapitre VII.

L'autorité ne s'achète pas

L'individualisation des rémunérations semble favoriser une logique de mérite. Voire. La rémunération à la performance signifie que dévouement, loyauté ou volonté de bien faire ne suffisent plus. Les collaborateurs ne feront leur maximum que si leur intérêt les y incite. Cette idéologie qui récompense si l'on effectue son travail rappelle ces théories éducatives qui distribuent des bonbons aux enfants qui font ce qu'ils doivent faire (leurs devoirs, ranger leur chambre, etc.). La prime à la performance rassure le manager mais introduit un chantage dans la subordination, donc l'affaiblit. Tout flatteur vit aux dépens de celui qui l'écoute, comme le rappelle la célèbre fable.

Récompenser, là encore, si c'est mérité, cela fonctionne. Le faire hors de propos, c'est miner son autorité. Le général Dextraze[1] exprime cette position classique : « La tâche du chef exige qu'il sache louanger ses subalternes pour un travail bien fait, et les réprimander quand ils négligent leur besogne. (…) Le secret réside dans le juste milieu. Des louanges excessives et des reproches exagérés peuvent, à leur façon, être préjudiciables. Je ne dis pas d'éviter les récompenses ou les punitions ; il s'agit simplement de décerner les unes et les autres avec justice et jugement. Une tendance actuelle des Forces armées m'agace tout particulièrement. Elle consiste à combler de louanges des gens qui font tout bonnement ce qu'on est en droit d'attendre d'eux. » Le manager ne punit pas, il menace.

1. Général Jacques A. Dextraze, *op. cit.*

Il ne félicite pas, il flatte. Derrière ce masque mielleux se dissimule une sourde violence qui éclate parfois au grand jour. C'est ce que révèle cet entretien entre un chef de projet qui veut démissionner et un manager qui cherche à le retenir : « Tu ne peux pas partir, ce serait comme Zidane qui quitte l'équipe de France ! » Puis le manager change de ton : « Tu penses que tu vaux quelque chose sur le marché du travail ? Mais tu n'es rien ! Je sais que tu veux partir parce que tu sens que tu n'es rien (...) Je peux t'aider. » Enfin, de guerre lasse, il finit par tomber complètement le masque : « Moi, Daniel H., je te demande officiellement de retirer ta démission... Tu te fous de moi ? Dégage ![1] »

Ne pas régner par la crainte

Les chefs ont toujours su qu'ils ne devaient jamais menacer. Plus un pouvoir est faible, plus il montre les dents. Lorsque l'État était respecté, les policiers portaient de simples matraques. La Bac, les casques lourds et les fusils à pompe ont fait leur apparition au moment où l'autorité de la puissance publique a commencé à reculer. Le chef est comparable à un dompteur, il manie un fouet mais ne saurait le faire claquer en permanence. C'est ce qui se passe lorsque le patron perd son sang-froid et brandit le licenciement à tout bout de champ. Les chefs du passé usaient de coercition, avec parcimonie. Ils savaient la peur mauvaise conseillère. Le vrai chef tue par nécessité, jamais par plaisir. Il tue en dernier ressort, comme le rappelle la

1. Alexandre des Isnards et Thomas Zuber, *op. cit.*

devise que les rois de France avaient fait graver sur leurs canons : « *ultima ratio regum* » (« le dernier argument des rois »). En prenant des fonctions de directeur général, succédant à un petit tyranneau de bureau, j'ai mis un certain temps avant de réaliser que les différents responsables de service ne faisaient rien sans m'en référer. Mes adjoints n'osaient prendre aucune initiative (puisque cela les exposait à mal faire). Plus grave, mes collaborateurs ne m'informaient plus d'aucun problème (car tout problème devenait leur problème). Un chef tue mais ne menace jamais. À ceux qui l'accusaient d'avoir formulé de manière trop châtiée sa déclaration de guerre au Japon, Churchill[1] répondit : « Si l'on doit tuer un homme, rien ne sert de ne pas être poli. » Dans cette réponse, le Premier ministre laisse transparaître le gentleman british mais il laisse aussi poindre l'instinct du chef.

Dans une collectivité dirigée par la peur, on éprouve une apparence d'ordre. Les règles sont appliquées. Chaque chose, chaque homme semble à sa place. Mais au bout de quelque temps, on réalise que l'autoritarisme a éteint tout enthousiasme, paralysé toute initiative et étouffé toute dynamique. La peur est un instinct puissant mais vil. Elle entraîne des comportements dégradants : délation, haine, flatterie, bassesse, etc.

On doit commander avec le cœur

L'un des secrets du commandement consiste à mériter le respect de ses subordonnés. L'exemplarité du chef, dont nous avons déjà parlé, est un levier puissant.

1. Winston Churchill, *Mémoires*, Perrin, 2002.

Mon président m'a raconté comment il avait gagné l'estime de ses ouvriers en soudant lui-même une pièce. Dans une interview, Shimon Peres évoque sa première rencontre avec Yasser Arafat : « Je sus immédiatement que j'avais affaire à un grand chef en voyant sur son visage qu'il avait veillé toute la nuit. Le chef veille sur sa communauté pendant que les autres dorment. » Alexandre le Grand illustre à merveille le commandement conçu comme une forme de dévouement : « Bien que blessé lui-même d'un coup d'épée à la cuisse, il alla visiter les blessés (...) Allant en personne voir chacun d'eux, lui offrant l'occasion de raconter ce qu'il avait fait au combat et de se mettre en valeur. »

Même l'effrayant Gaetano Provenzano, parrain omnipotent de la mafia sicilienne, avait compris que l'on ne règne jamais par la seule cruauté. On connaît ses techniques de gouvernement par l'interception d'innombrables notes qu'il faisait parvenir à ses affidés. L'une d'elles indique : « Les gens ne doivent attendre rien que de bon de ma part. »

Le chef savait être fraternel en s'intéressant à ses hommes et froid en leur donnant des ordres. Les managers font l'inverse : leurs instructions sont enrobées, mais ils ne se préoccupent plus de leurs gens.

Les nouveaux patrons évitent le contact et font appel à des consultants pour organiser repas ou séminaires. Ils adorent « implanter » des rites mécaniques comme l'entretien annuel d'évaluation. Cette pratique est hautement révélatrice du management. Avoir besoin de programmer, de mettre en scène cet exercice du jugement, exercice qui forme le cœur du commandement, c'est comme pour un couple de prévoir une fois par an de dîner en tête à tête. On peut concevoir de conférer quelque solennité à cet échange mais un chef qui donne l'impression de ne s'intéresser qu'une fois par an à ce que font ses collaborateurs est minable ! Un bon patron s'en préoccupe constamment. Recadrer, encourager, sanctionner ou féliciter, de telles réactions ne peuvent attendre un an. Le fameux entretien annuel se borne généralement à vérifier que les « chiffres » ont été atteints. Il s'agit, comme le confesse la DRH d'un grand groupe, d'« apprécier la contribution de l'individu au processus de création de valeur. Avec l'usage systématique de Powerpoint, les directions d'entreprise tendent souvent à se dédouaner de leur rôle d'éducateur : dès lors que le salarié a assisté à une présentation et qu'il a eu son document, les managers estiment avoir fait leur travail d'information et de formation ». Un chef doit entraîner et, pour cela, gagner la confiance. Lorsque le chef est à la fois habile et sincère, il est aimé. Le commandement est affaire de désir. Napoléon (*Mémorial de Sainte-Hélène* de Las Cases) dira de l'un de ses maréchaux qui lui vouait un véritable culte : « Je croyais que cet homme voulait me prendre pour femme. »

Diriger, c'est maintenir une bonne distance

Les chefs doivent se soucier de leurs subordonnés pour susciter leur dévouement, mais ils ne doivent pas avoir besoin de leur affection en retour. Chez un chef, le narcissisme est handicapant voire dirimant. Les managers recherchent la reconnaissance de troupes qu'ils dédaignent. Pourtant, un chef ne doit jamais dépendre et encore moins quémander les sentiments ou l'adhésion de ses subordonnés. L'inverse est vrai. John Keegan[1] explique comment Alexandre éloignait ses hommes pour mieux se les attacher : « Alexandre (...) refuse de s'alimenter, il se retranche dans sa tente ("quant à ceux qui veulent rentrer chez eux, ils peuvent s'en aller et faire savoir à leurs amis qu'ils ont laissé leur roi abandonné et entouré d'ennemis" (...) Le mélodrame réussit au-delà de toute espérance. Ses compatriotes assiégèrent son palais, comme des fans décervelés s'attroupent devant la sortie des acteurs pour attendre leur idole. » Le chantage affectif existe dans les entreprises managées mais il est inversé : le manager menace de chasser ses hommes ou, au contraire, s'efforce de les retenir. Le vrai chef est l'auteur et non la victime du chantage. En vérité, un leader doit se garder de se dévoiler et de s'épancher. « Tous les cultes ont leurs tabernacles (...), relève Charles de Gaulle[2]. Non, certes, qu'on doive s'enfermer dans une tour d'ivoire, ignorer les subordonnés, leur demeurer inaccessible. Bien au contraire, l'empire sur les âmes exige qu'on les observe et que chacun puisse croire qu'on l'a distingué. Mais à la condition qu'on joigne à cette recherche un système de ne point se livrer (...) On ne s'appuie que sur ce qui résiste. » Si le chef étale ses états d'âme, il s'affaiblit. À l'heure du MBWA (le management par le « *walking about* », c'est-à-dire, par les allées et venues incessantes, d'un bureau à l'autre), le chef doit aussi parfois savoir garder sa porte close et marquer physiquement ses distances.

1. John Keegan, *L'Art du commandement*, Perrin, 2010.
2. Charles de Gaulle, *Le Fil de l'épée*, *op. cit.*

La sympathie et l'admiration excluent la manipulation

Jusqu'à ce qu'ils appliquent les méthodes des manuels de management, les chefs savaient que le commandement, comme tous les arts, mobilisait une part irréductible de naturel. Ce *big boss* qui avait été formé à saluer chacun de ses employés chaque matin parce qu'il l'avait appris, et non parce qu'il en avait envie, perdait son temps et aboutissait à l'effet inverse de celui escompté. Le commandement mobilise la personnalité du dirigeant pour influencer celle du dirigé. Le courant humain doit passer. Les chefs avaient toujours conçu que s'intéresser à leurs hommes était, plus qu'une obligation professionnelle, un devoir. Ils savaient qu'en matière de sympathie tout effort est voué à l'échec. Fêter un anniversaire sur commande suscite le rejet. On manœuvre bien avec le cœur, pas avec le cerveau. En matière de commandement, il n'y a de manipulation efficace que sincère. Lucide sur la vanité du management, un patron américain[1] explique : « Les managers à qui l'on a appris à écouter sans juger ou à récompenser certains comportements peuvent penser au début qu'ils ont trouvé la réponse. Avec le temps, ils découvrent que les techniques contribuent à empêcher des rapports humains plus étroits. La raison la plus évidente, c'est que toute technique perd son pouvoir quand il devient évident que c'est une technique. "Ne m'écoutez pas comme cela." "Ne me traitez pas comme

1. Richard Farson, *En finir avec les poncifs du management*, Maxima, 1996.

si vous étiez mon psy. Je vois votre manège." "Êtes-vous en train de me récompenser ?" »

Charles Pasqua demandait parfois au personnel de ménage du Pôle Léonard-de-Vinci de préparer un couscous. Le ministre me confia : « Je n'aurais pas convié Balladur. Les gens sentent lorsque vous vous intéressez à eux. » Vos subordonnés ressentent si l'intérêt que vous leur portez est sincère. L'ancien ministre de l'Intérieur savait qu'un chef sera d'autant plus exigeant avec les puissants qu'il aura été bienveillant avec les petits.

Diviser pour s'affaiblir

Les managers divisent pour mieux régner. Ils oublient que cette vieille recette ne se pratique qu'à l'égard d'ennemis ou de rivaux, jamais de subordonnés. La cohésion d'un groupe prouve l'efficacité de son encadrement. C'est pourquoi les patrons avaient toujours veillé à la renforcer. La division avait toujours été conçue comme une cause d'affaiblissement, voire de ruine. Les chefs avaient toujours su qu'en employant certaines méthodes ils allaient inciter leurs salariés à adopter des comportements anticoopératifs. Les enfants battus battent. Les salariés manipulés manipulent. Diriger avait toujours consisté à exalter le sentiment d'appartenance, à susciter l'admiration et le dévouement. Un exercice efficace de l'autorité élève les hommes au-dessus d'eux-mêmes, les incite à se dépasser, excite la fierté d'appartenir et de servir. Un résultat opposé au spectacle navrant d'entreprises pleines d'hommes et de femmes travaillés par la défiance ! Le chef est un catalyseur : il maintient une cohésion mais il laisse travailler, il montre une voie mais aussi crée une émulation. Il nomme, récompense ou punit, mais surtout il respecte. C'est parce que les managers sentent confusément que l'humain échappe à tout contrôle qu'ils leur préfèrent des machines ou des process. Selon Yves Clot[1] : « L'entreprise telle qu'elle est instituée aujourd'hui bride les énergies, inhibe les capacités, les intelligences, la création. » Ces ignorants ne savent pas ce qu'ils perdent. Ces imbéciles ne savent pas ce qu'ils font. À condition d'être respecté, encouragé, considéré, protégé, l'être humain est capable de trésors de dévouement et même d'abnégation. C'est la foi qui soulève des montagnes, ce n'est ni la cupidité ni la peur. Manager n'est pas motiver.

Jadis, lorsque le chef, inspiré par l'intérêt général, avait décidé, il lui restait à encourager, à récompenser, à punir ou à recadrer et surtout à créer un sentiment d'appartenance et d'unité au sein de son équipe. C'était l'art de la motivation, qui reposait sur l'exercice d'une autorité forte mêlée de respect et de confiance mutuelle non seulement entre le chef et ses subordonnés mais également entre subordonnés. L'autorité n'avait nul besoin de hausser le ton, il lui suffisait de maintenir un cadre hiérarchique et fraternel, lequel contenait mais protégeait. Le management, lui, ne croit ni à la hiérarchie ni à la motivation, il s'appuie essentiellement sur l'intéressement (le commandement se fondait sur le dévouement), la manipulation (le commandement reposait sur la confiance) et la crainte (le commandement misait sur le respect). Ne sachant plus motiver, le management divise et harcèle. Hélas, non sans succès.

1. Colloque de la Fondation Res publica, *op. cit.*

CHAPITRE 8

La des-affectio societatis

« La résignation est un suicide quotidien. »

Honoré de BALZAC,
Les Illusions perdues.

En 2010, quelques heures après qu'un trente-huitième salarié d'Orange se fut donné la mort, le P-DG Didier Lombard s'interrogeait sur ce qui « ressemblait à une mode ». La désinvolture du propos choqua l'opinion. Alors ministre de l'Économie, Christine Lagarde crut utile de rappeler : « Les chiffres d'Orange sont bons (...), je ne veux surtout pas donner de leçon de management à M. Lombard ! »

Que des personnalités fragiles craquent au sein d'entreprises pressurées, quoi de plus normal, semble penser cette femme rompue aux méthodes américaines. Selon les apôtres de telles méthodes, la seule question que pose un manager est en effet celle de ses « résultats ».

Les suicidés d'Orange, les défenestrés du technocentre de Renault ou l'ouvrage de Marie-France Hirigoyen[1] ont

1. Marie-France Hirigoyen, *Le Harcèlement moral*, Seuil, 1998.

pourtant permis à l'opinion de prendre conscience de certaines conséquences délétères du management.

L'essentiel des critiques visant le paradigme managérial se contentent de déplorer son inhumanité ou ses effets sur l'environnement.

Les altermondialistes par exemple ne sont pas les derniers à être fascinés par le modèle managérial. Les ONG utilisent les méthodes des grands groupes telles que marketing et communication, recrutements basés sur des tests, recours aux consultants.

Les principales critiques du management émanent de médecins, de sociologues ou de militants qui connaissent peu ou pas l'entreprise. Quant aux managers, ils peuvent difficilement prendre leurs distances à l'égard du système managérial car le système c'est eux ! À de rares exceptions près, les adversaires du management ignorent à peu près tout des mécanismes de l'économie ou de la finance.

Lorsque notre société questionne le management, c'est presque pour lui reprocher d'être trop efficace !

Une efficacité que (presque) personne ne conteste

Il suffit d'observer les mutations du secteur automobile au cours des trente dernières années pour se laisser convaincre de l'apparente supériorité du management.

Au début des années 1980, d'usines commandées à l'ancienne sortaient des voitures qui ressemblaient à des boîtes de conserve montées sur roue. Ces engins aux couleurs ternes étaient disponibles après des mois d'attente. Leurs propriétaires devaient les ramener régulièrement chez un concessionnaire qui ne disposait jamais des pièces détachées.

À présent, des centres de production high-tech travaillant en flux tendus, usinant et assemblant des pièces venant des quatre coins du globe, conçoivent des véhicules rutilants, customisés aux goûts du client, embarquant des systèmes de navigation plus sophistiqués que ceux d'Apollo 13. En une génération à peine, les prix des automobiles ont été divisés par trois. Elles ne tombent plus en panne. En cas d'accident, elles sauvent la vie de leurs conducteurs. Ces jouets pour adultes divertissent même les enfants !

Autre illustration de ce qui ressemble à l'évidente supériorité du management, la manière dont la firme Zara est parvenue à réduire ses coûts et ses délais de fabrication. Grâce à ses deux cents stylistes, l'entreprise espagnole renouvelle sa collection en quinze jours, dont deux d'acheminement en camion. Ces gains spectaculaires de productivité entretiennent l'illusion d'un management hyper efficace.

Que les managers parviennent de mieux en mieux à leurs fins, en employant de moins en moins d'hommes, cela ne prouve-t-il pas leur supériorité sur les chefs à l'ancienne ? Ces derniers employaient des masses d'hommes plus ou moins utiles.

Ronald Reagan, le premier manager

En devenant managers, les patrons ont désarmé les syndicats. À cet égard, le premier manager fut Ronald Reagan. En licenciant les contrôleurs du ciel qui bloquaient le trafic aérien pour être augmentés, le président américain donna le coup d'envoi à une politique favorable au capital. Le management démontrait qu'il était capable d'être plus courageux que le commandement. Le courage n'est-il pas la première vertu d'un chef ?

Cette détermination a aussi été celle de se débarrasser de ceux qui faisaient perdre du temps et de l'argent aux entreprises et « à lever le voile de l'ignorance », suivant la formule du philosophe John Rawls, en révélant des poches d'improductivité. Les managers se sont appuyés sur ces vérités cruelles pour licencier ou baisser les salaires.

De mieux en mieux informés, les managers sont devenus plus exigeants avec les fournisseurs et les sous-traitants qu'ils ont pressurés.

Les chefs à l'ancienne se croyaient investis d'une responsabilité sociale. C'est pourquoi ils étaient peu enclins à licencier ou à laminer les sous-traitants et recherchaient d'autres solutions avant de recourir à de telles extrémités. Les managers n'ont pas tant de pudeurs.

Les rémunérations stratosphériques des grands patrons leur attirent certes quelques inimitiés. Les partis d'extrême gauche attirent partisans et électeurs. Mais, dans l'ensemble, le climat social et politique des premières décennies du XXIe siècle n'a rien de comparable avec la haine anticapitaliste qui sévissait dans les années 1970. Souvenons-nous.

À cette époque, alors que les salariés captaient l'essentiel de la valeur ajoutée, la générosité des chefs d'entreprise était récompensée par des grèves et des mouvements sociaux violents.

Georges Besse, P-DG de Renault et grand commis de l'État, gagnait à peine trente fois plus que ses ouvriers. Il finira pourtant avec une balle dans la tête. Autre patron, serviteur de la nation, le général Audran sera, lui aussi, assassiné au nom de la classe ouvrière. À une époque où les profits augmentaient trois fois moins vite que les salaires, le baron Empain, une figure du capitalisme, sera kidnappé et mutilé. Les voyous des Trente Glorieuses finissantes ne dédaignaient pas de passer pour des Robins des bois, prenant aux nantis pour redistribuer aux démunis. La France de Jacques Mesrine était divisée entre peuple et possédants.

Depuis, les gangsters sont devenus des capitalistes comme les autres et c'est autant leur courage que leur train de vie qui fascinent les gamins des banlieues. Aujourd'hui, plus personne ne songe à prendre aux riches pour donner aux pauvres. À en croire le tirage des magazines people, le populo semble plutôt fasciné par la « haute ». Ce que l'on reproche désormais aux riches ? Plus rien. On se reproche à soi-même de ne pas l'être. Une population envieuse a succédé à un peuple vengeur.

En devenant brutaux et égoïstes, les managers ne semblent pas s'être fait détester. Les salariés paraissent même mieux disposés à se soumettre (ce qui peut se concevoir) mais aussi à adhérer à l'entreprise (ce qui est plus curieux) que leurs pères ou leurs grands-pères.

La productivité du travail s'est accrue. Un nouvel état d'esprit favorable à l'entreprise s'est diffusé dans les années 1980 et 1990. À l'intérieur des grands groupes, l'esprit « corporate », sorte de patriotisme de marque incitant les cadres à un total dévouement, s'est répandu. Les managers ne sont-ils pas plus efficaces que leurs prédécesseurs ?

Une préférence pour le chômage, bis

En France, où la productivité du travail atteint des niveaux records, le pays est également en pointe en matière de sous-emploi.

Alors qu'il oscillait autour de 2 % de la population active jusqu'à la fin des Trente Glorieuses, le taux de chômage est désormais rivé aux alentours de 10 %. Les statistiques officielles oublient les préretraités, les personnes en formation, les stagiaires et autres bénéficiaires de dispositifs dits d'insertion (dont beaucoup préféreraient travailler). En additionnant les bénéficiaires de ces aides au maquillage statistique, on double au minimum le taux de chômage[1].

Une croissance atone peut créer des excédents commerciaux artificiels. Les consommateurs du pays qui pâtit d'une croissance molle possèdent un faible pouvoir d'achat et donc consomment peu de produits étrangers, ce qui aura tendance à améliorer le solde de la balance des paiements. Une économie qui dégraisse enregistre également des gains artificiels de productivité.

Affirmer que les managers ont accru la productivité revient à dire qu'ils payent moins pour obtenir plus de travail, qu'ils utilisent plus de machines par unité de

1. En 1997, Henri Guaino qui dirigeait le Commissariat général au plan avait rédigé un rapport qui additionnait aux 3,5 millions de chômeurs recensés officiellement par l'ANPE 350 000 personnes en formation, 460 000 personnes en préretraite, 400 000 personnes en CES (contrat de droit privé mais subventionné par l'État), 1,5 million de travailleurs à temps partiel contraint (qui préféreraient travailler à temps plein) et 250 000 chômeurs « tellement découragés qu'ils ne vont même plus s'inscrire ».

travail ou encore qu'ils ont gardé les meilleurs en licenciant tous les autres. Ces trois affirmations se vérifient simultanément.

Si l'on tient compte de l'évolution parallèle des courbes d'emploi, de salaires et de profits, on réalise que les profits explosent à mesure que le chômage augmente et que les salaires plongent. En 2011, Nicolas Sarkozy avait commandé un rapport sur le partage de la valeur ajoutée, sur l'évolution des profits et des salaires. « La part des revenus tirés du travail dans le PIB, lit-on dans cette étude, a partout diminué (...) avec la diffusion du modèle managérial. Les revenus du travail représentaient, en 1980, 72 % des PIB des États membres contre 62 % en 2005. »

La répartition de la valeur ajoutée s'est ainsi déformée au profit des possédants : « En 1974, 15 % des revenus étaient redistribués aux propriétaires du capital contre 25 % en 2004. »

Le paradigme managérial justifie cette évolution par la baisse continue[1] de la valeur ajoutée depuis trente ans. Les entreprises redistribuent moins de richesses car elles en créent moins, bêlent les médias. Le management se garde bien de dire que sa préférence pour le chômage réduit la taille du gâteau pour s'en arroger une plus grosse part.

En préférant les machines aux hommes, les précaires ou les étrangers *low cost* à leurs employés, les managers ont sabordé la croissance. La société dans laquelle

1. Citons en effet le rapport Cotis sur ce point : « En termes réels, l'évolution globale de la valeur ajoutée a été soutenue jusqu'en 1974, de l'ordre de 6 % en moyenne (...) Elle fluctue désormais autour d'une tendance proche de 2 % par an. »

ils vivent est moins riche qu'elle aurait pu l'être (si les taux de croissance s'étaient poursuivis). Eux, en revanche, se sont considérablement enrichis.

Tel un alcoolique niant toute relation entre sa cirrhose et son penchant pour la boisson, le manager occulte le lien entre son comportement non coopératif et le ralentissement de la croissance. Ce lien entre baisse continue de la valeur ajoutée (et de la croissance) d'un côté et stagnation des salaires (et explosion du chômage) de l'autre n'en demeure pas moins incontestable.

Les salaires stagnent parce qu'il y a de plus en plus de chômeurs. Toujours plus de chômeurs alourdissent l'économie. Les salariés ont moins d'argent en poche, la croissance piétine et la valeur ajoutée se traîne. En fait, les entreprises managées créent moins de richesses que lorsqu'elles étaient commandées.

Jusque vers le milieu des années 1970, le taux de croissance annuel était en moyenne de 6 %. Depuis, ce taux a été divisé par trois. Les meilleures années, le PIB français enregistre des pointes à 2 %.

Si les salaires piétinent, expliquent les managers, c'est que le marché du travail est rigide. Dans les faits, plus le marché de l'emploi est « fluidifié », plus la courbe des salaires se tasse.

Pour le patronat, l'une des principales causes de la stagnation des salaires réside dans des cotisations sociales élevées. Or, la hausse des cotisations découle d'un niveau anormalement et durablement élevé de sous-emploi (délocalisations, substitution capital-travail, etc.). La préférence pour le chômage est d'abord celle des managers. En dénonçant les charges sociales trop élevées, les patrons imitent les autorités chinoises qui exigent des familles des condamnés à mort de rembourser la balle qui a servi à l'exécution.

De la même manière, affirmer qu'une protection sociale trop généreuse pousse aux délocalisations ne manque pas de sel puisqu'en aggravant le chômage les délocalisations ne font que lester la protection sociale.

Quant à la concurrence internationale, les managers la renforcent à coups de libre échange, de délocalisations et de transferts de technologie.

Prétendre que les entreprises n'augmentent pas les salaires car elles ne créent pas suffisamment de richesses relève d'un autre mensonge éhonté.

Les grandes firmes dégagent plus de profits que les petites. 73 % de la valeur ajoutée est consacrée aux salaires dans les PME. La valeur ajoutée distribuée aux salaires tombe à 56 % dans les multinationales. Ainsi, plus la richesse créée est importante et plus la part octroyée au salaire diminue.

L'insolente prospérité des entreprises du CAC découle en réalité du fait qu'elles réalisent 80 % de leurs activités ou de leurs investissements hors de l'Hexagone. Les dix premières entreprises françaises sont des banques, des compagnies d'assurances ou des firmes spécialisées dans le luxe ou l'énergie. Une entreprise doit évidemment capter la croissance là où elle se trouve. Mais cet argument omet un détail : ce sont les managers qui ont déplacé la croissance vers les pays à bas coût de main-d'œuvre.

Les capitalistes sont si cupides, prédisait Lénine, qu'ils vendront la corde avec laquelle on les pendra. Une prophétie qui s'est réalisée : les communistes chinois vendent bel et bien aujourd'hui les cordes à coups de dumping social et monétaire aux entreprises occidentales qu'ils vont supplanter.

Au cours des dix dernières années, 99 % de nos compatriotes se sont enrichis de 4 %. Les 1 % de Français les plus aisés ont accru leur patrimoine de 42 % ! « Les explications avancées pour rendre compte de ces différents mouvements, écrit Jean-Philippe Cottis[1], mettent l'accent sur l'affaiblissement du pouvoir de négociation des salariés dans un contexte d'internationalisation et le développement de nouvelles technologies qui auraient relancé la substitution du capital au travail. »

Pour mesurer la productivité réelle du management, il faut réintégrer dans les bilans des entreprises tout ce qu'elles ont externalisé. Réintégrons les subventions, le chômage, les arrêts maladie, les dépenses sociales mais aussi l'endettement, les déficits commerciaux et l'on pourra alors mesurer l'efficacité réelle du management. Si l'on réimpute aux managers les coûts « sociaux » (au sens large de ce terme) de leur gestion, on réalise à quel point celle-ci est calamiteuse. On peut s'interroger sur le mérite réel des managers dans un contexte aussi dégradé.

Des chefs sans troupe

Lorsque l'on peut, à tout instant, menacer de licenciement, lorsque le taux chômage est structurel et élevé, que les « remerciés » s'y engluent et que les syndicats ne pèsent plus, pressurer les salariés devient un jeu

1. Rapport au président de la République, Mission présidée par Jean-Philippe Cotis sur le partage de la valeur ajoutée, le partage des profits et les écarts de rémunérations en France, *La Documentation française*, mai 2009.

d'enfant. Se faire obéir d'un intérimaire ou d'un stagiaire qui espère transformer son statut précaire en contrat durable est plus facile que de manier les masses laborieuses des années 1970.

La situation du chômage permet aux managers de mieux sélectionner leurs salariés. L'investissement croissant des salariés au service de leurs entreprises a peut-être moins à faire avec leur motivation qu'avec la peur de perdre leur emploi.

La lecture d'un rapport commandé par le Parlement sur la souffrance au travail est à cet égard édifiante. Ce document ne consacre pas une seule ligne au chômage ! Pourtant, sans lui, pas de chantage ni de pression.

Quelque chose de maso au royaume du management

En 2002, le Parlement français a adopté une loi censée prévenir le harcèlement moral[1].

Pour la majeure partie des milieux d'affaires, le harcèlement ne traduit aucune faute de gestion. La multiplication de suicides de salariés, sur leur lieu de travail, laissant des messages dénonçant les méthodes d'encadrement leur ayant été infligées ne prouve aucun dysfonctionnement.

Au fond d'eux-mêmes, les managers sont presque flattés par le harcèlement comme ils sont confortés par

1. Il s'agit de la loi du 17 janvier 2002 (article L 122-49 du Code du travail). Aux termes de ce texte, « aucun salarié ne doit subir les agissements répétés de harcèlement moral qui ont pour objet une dégradation des conditions de travail susceptibles de porter atteinte à ses droits et à sa dignité, d'altérer sa santé physique ou mentale ou de compromettre son avenir professionnel ».

le « workaholisme ». Ces deux symptômes trahissent un surinvestissement des cadres. Le harcèlement moral serait l'hommage du vice syndicaliste aux vertus managériales. Les managers seraient trop exigeants et les collaborateurs trop exigeants avec eux-mêmes.

Menacées par la médiatisation de la souffrance au travail, les grandes entreprises n'ont pourtant pas tardé à réagir.

Le discours confine au *mea culpa*. Les multinationales jurent qu'elles ne pressureront plus leurs salariés. Nous avons fauté, gémissent les enseignes du CAC 40, et l'on ne nous y reprendra plus. Nous avons compris que bien-être et santé de nos collaborateurs conditionnent leur productivité et allons prendre les mesures qui s'imposent. La plupart du temps, les « mesures » en question se bornent à quantifier le phénomène et nous retrouvons ici l'obsession du chiffrage propre à la pensée managériale. Les grandes entreprises affirment se doter des moyens de lutter contre le harcèlement en créant des postes ou des services *ad hoc* destinés à « observer » le phénomène !

Chez GDF-Suez, la création de ce type de poste et la signature d'un accord au niveau national sur les risques « psychosociaux » n'ont pas empêché un cadre financier de l'entreprise de s'immoler par le feu en mai 2011.

La tendance du moment est à la proclamation de chartes de « valeurs » par les multinationales. Dans son code éthique, Sanofi par exemple s'engage en faveur des droits de l'homme. Dans un article consacré à l'éthique des affaires, Xavier Deroy[1] nous dessille sur ce type d'engagement : « La maximisation de la valeur

1. Xavier Deroy, « Qui contrôle l'éthique des affaires ? », *Management international*, vol. 13, n° 2, 2009.

pour les actionnaires est affirmée en même temps que sont mentionnées les préoccupations éthiques. » Ces textes n'ajoutent rien aux droits fondamentaux garantis par la loi, ils ne disposent d'aucune force obligatoire. La plupart des entreprises se sont dotées de ces magnifiques déclarations d'intention. On est frappé par l'incroyable similitude entre ces documents qui affichent tous leur attachement à des notions d'ouverture, de tolérance, de dialogue et de respect de l'autre. Par exemple, tous s'engagent en faveur des « personnes à mobilité réduite » et des minorités « visibles ».

Dans leur rapport consacré au bien-être et à l'efficacité au travail, commandé par le gouvernement en 2010, Henri Lachmann (président du conseil de Schneider Electric), Christian Larose (vice-président du Conseil économique, social et environnemental) et Muriel Pénicaud (directrice générale RH de Danone) se veulent rassurants : « Investir dans le bien-être au travail (...) ce n'est pas une charge, mais un atout pour la performance. » Psychiatre et consultant auprès de grands groupes, Patrick Légeron abonde dans le même sens : « Un euro investi dans un processus visant à redéfinir l'organisation du travail, à structurer les modes de management ou à développer des conditions favorables rapporte 3 euros. » Un associé du cabinet Deloitte pousse le paradoxe jusqu'à forger le concept de « performance sociale ». Certaines études[1] affirment qu'une plus grande implication des salariés réduirait fortement l'absentéisme. L'heure est au management soft ou participatif, réputé plus efficace. Aon Hewitt, société de

1. L'étude du centre d'analyse stratégique de 2011 et citée dans les « Carnets RH » de *L'Express*, *op. cit.*

conseil en RH, aurait ainsi démontré « qu'un mode de management centré sur le respect et le dialogue augmente de 15 à 20 points l'engagement des salariés. Or, un collaborateur très engagé peut être jusqu'à deux fois plus productif et générer 1,4 fois plus de marge qu'un salarié lambda ». Nous sommes à ce point contaminés par l'idéologie « corporate » que nous ne réalisons plus ce qu'il y a de dérangeant dans ce type de discours. En effet, que nous expliquent-ils en substance ? Non que traiter convenablement ses salariés est affaire de principe et n'est tout simplement pas négociable mais que cela rapporte ! Nous sommes enfermés dans la logique managériale.

La mode est à la réduction de la taille des équipes afin de rapprocher le manager de la base. « Au-delà de dix collaborateurs dans une équipe, la dimension humaine du management se délite », affirme Pierre-Éric Sutter[1], inventeur et promoteur de la TPE attitude, la « Transparence-Proximité-Enthousiasme attitude ».

Un torrent de bons sentiments s'est ainsi mis à déferler sur les *open spaces*. Les champions des dividendes ne se sont pas contentés d'octroyer des droits à leurs salariés comme jadis les souverains d'Ancien Régime accordaient des chartes, ils se sont engagés à tenir compte de leur bien-être. « L'accueil devient le "lounge", la machine à café la "K-fête", les couloirs des "espaces de rencontre", les salles de réunion des "espaces de communication". Effectivement, on se sent beaucoup mieux », ironisent Alexandre des Isnards et Thomas Zuber[2].

1. « Carnets RH » de *L'Express*, *op. cit.*
2. Alexandre des Isnards et Thomas Zuber, *op. cit.*

Renault a créé le programme « Renault way ». Pour prévenir le harcèlement, avec son initiative « Axa way », l'assureur n'a pas été en reste. Apparemment, ces grands noms du CAC ont eu recours au même cabinet de consultants pour résoudre l'épineux problème d'image soulevé par le harcèlement. Mais que les actionnaires se rassurent : face au harcèlement, le néomanagement affiche la même résolution que Chamberlain face à l'impérialisme allemand.

Cette unanimité à repeindre les multinationales aux couleurs d'un management doloriste n'aborde pas les questions gênantes soulevées par le harcèlement.

Comment expliquer que les travailleurs harcelés ne retournent pas l'agressivité de leurs supérieurs hiérarchiques contre ces derniers ? On pourrait comprendre – comprendre et non excuser – que des salariés poussés à bout agressent leur employeur. Or, au lieu de riposter, certains amplifient la violence qu'ils subissent en se tuant. Les collaborateurs souffrants préfèrent supprimer leur souffrance plutôt que sa cause. Il semble y avoir quelque chose de masochiste au royaume du management. Intériorisant la dureté de l'entreprise, les salariés semblent considérer qu'elle est méritée. Les managers auraient eu raison de ne pas leur faire confiance. Le harcèlement relèverait ainsi de pathologies individuelles et non de l'encadrement. Pour le Medef, c'est CQFD. Situation ironique, le management doit protéger les salariés contre leur trop bonne volonté, contre leur envie de trop bien faire ou de trop en faire.

Le harcèlement confirme que le management parvient trop bien à ses fins en obtenant de ses collaborateurs qu'ils intériorisent leur travail.

Que des patrons abusent de leur autorité et poussent à bout leurs subordonnés n'est pas un phénomène récent. Ce qui est nouveau, c'est que le harcèlement n'est pas seulement le fait de petits chefs mais qu'il est souvent assumé et parfois même organisé depuis le sommet. En d'autres termes, le harcèlement tend à être érigé en système. « Nous nous sommes rendu compte, indique le syndicaliste Jean-François Bolzinger[1], qu'il fallait dépasser les questions de bons et de mauvais managers puisqu'il y avait des atteintes à la santé partout. (...) Derrière les phénomènes de stress, c'est l'organisation du travail qui est en cause. L'organisation du travail est liée à une stratégie. La stratégie est liée à un pilotage de l'entreprise, à un mode de management. Le fil conducteur est la manière dont est orchestré le travail, y compris dans sa finalité, avec le passage au tout pour l'actionnaire des années 1990-2000. C'est une logique de financiarisation qui est descendue de manière très fine jusqu'à vouloir faire du management une technique standardisée appliquée partout. Partout, c'est la course à la performance individuelle, c'est l'urgence du court terme, ce sont les objectifs quantitatifs à atteindre, c'est l'impossibilité de donner du sens à son travail. »

Le harcèlement ressemble ainsi à la pointe émergée de l'iceberg managérial. C'est l'expression paroxystique et visible d'une réalité, généralement plus modérée dans ses effets mais, hélas, plus diffuse : la souffrance au travail.

1. Jean-François Bolzinger, Secrétaire général adjoint de l'UGICT, *in* note de la Fondation Res publica, *Une politique du travail*, actes du colloque du 9 janvier 2012.

Dans la plupart des entreprises, les salariés sont ou se sentent pressurés, travaillent trop ou pensent trop travailler, sont ou se pensent en sous-effectifs. Entre collègues, l'atmosphère est pesante. Dans les grands groupes comme dans les PME, un climat fait de méfiance et de défiance s'est installé.

Et pourtant... pourtant, comme l'indiquent plusieurs sondages[1], les Françaises et les Français n'ont jamais été autant mobilisés par et pour leur travail, n'ont jamais autant aimé leur entreprise.

Nous retrouvons notre paradoxe. Moins l'entreprise se soucie de ses employés et plus ces derniers semblent prendre à cœur ses intérêts. La crainte de perdre son emploi explique que les salariés travaillent dur. Le taux de chômage élevé peut expliquer le côté « silence dans les rangs » mais ne rend toutefois pas compte de l'adhésion apparemment forte aux « valeurs de l'entreprise ».

Que les salariés aient peur d'être licenciés, admettons, mais comment expliquer qu'ils soient zélés ? L'esprit « corporate » faisant de l'entreprise le sel de la vie, est-il sincèrement partagé par les collaborateurs ? Difficile de répondre. Certains cadres adhèrent sans doute à ce système, du moins tant qu'ils n'en sont pas eux-mêmes victimes. Rarissimes sont les cols blancs qui se hasardent à critiquer l'idéologie managériale. Ne pas partager cet état d'esprit célébrant la performance au

1. 71 % des personnes interrogées par BVA se disent « fières de travailler pour leur entreprise » (Sondage BVA pour BPI et *L'Express*, réalisé du 28 avril au 6 mai 2010 auprès d'un échantillon de 1 000 salariés représentatif de la population active occupée). 72 % expriment un même sentiment dans une enquête IFOP (Sondage IFOP pour Michael Page réalisé du 29 avril au 6 mai 2010 auprès d'un échantillon de 1 004 salariés d'entreprises de plus de 1 500 personnes).

service de l'actionnaire revient à se mettre en danger. Toutefois cela ne résout pas notre énigme : pourquoi les salariés retournent-ils contre eux-mêmes la violence qu'ils subissent ?

Le dépit amoureux, véritable ressort du harcèlement moral

Pour le comprendre, partons du principe que l'entreprise est traversée par une terrible contradiction. L'entreprise est la dernière collectivité qui s'impose aux individus. Mais elle ne s'impose à eux qu'en mobilisant leur individualisme.

La firme managériale peut compter sur des travailleurs de moins en moins « tenus » par des convictions politiques ou religieuses. En intégrant l'entreprise, les salariés ont de moins en moins l'habitude de vivre avec les autres. La plupart du temps, les jeunes diplômés découvrent les contraintes collectives avec leur premier poste.

On évoque la montée de l'individualisme. Le terme paraît impropre. L'individu n'est pas une donnée mais un construit historique, social, culturel et psychique. Avec le déclin des Églises, des partis ou des syndicats, avec l'effondrement du scoutisme ou du militantisme et jusqu'à la suspension du service national, on observe un puissant mouvement de « dé-collectivisation » de la société. Dans ce contexte, l'entreprise est le dernier groupe social susceptible d'offrir un cadre contenant.

On ne se pose qu'en s'opposant. Ne trouvant plus rien qui lui résiste, aucun idéal pour lui procurer un sens, l'individu postmoderne est de moins en moins un « indivis », c'est-à-dire une réalité psychique unique, dense et insécable.

L'individu devient poreux, liquide et comme étranger à lui-même. Pour se structurer, il a besoin d'institutions, de traditions et de règles. En abattant les bornes qui étayaient sa personnalité et lui permettaient de s'affirmer, notre postmodernité a fragilisé l'individu. Aussi, nous assistons moins à une montée de l'individualisme qu'à celle d'un *infra* individualisme narcissique. Facilement anxieux voire déprimé, ce salarié est psychologiquement moins armé que ses prédécesseurs pour résister à sa hiérarchie. Plus docile, il est plus isolé que ne l'était le travailleur croyant, militant ou syndiqué des anciennes générations. Sa solitude le pousse à obéir.

Le journaliste Christophe Nick a reproduit la célèbre expérience de Milgram en simulant un jeu de téléréalité. Quarante ans de « droits-de-l'hommisme » n'ont pas accru la proportion de sujets refusant d'appliquer des ordres iniques. Au contraire, l'intense propagande antitotalitaire subie par nos contemporains (« il faut être conciliant », « tolérant », « respecter l'autre » en toutes circonstances) a accru la proportion de « soumis ». À l'époque de Milgram, le taux d'obéissance était de 62,5 %. Il est aujourd'hui de 81 %. Le paradoxe n'est qu'apparent. Derrière la montée d'une idéologie permissive, Lacan avait bien perçu le désir d'asservissement. Aux pseudo-émeutiers de Mai 68 qui venaient perturber son cours, le psychanalyste prophétisa : « Ce que vous voulez, c'est un maître et vous l'aurez ! »

Jusque dans les années 1970, des interdits respectés, des institutions fortes et une loi au sens freudien du terme forgeaient plus de caractères capables de contester une autorité malsaine. Nous l'avons vu, pour une majorité, désobéir est très difficile. Dans notre univers amolli et pleutre, beaucoup sont incapables de dire « non ». La dévalorisation du courage, l'isolement et la fragilisation d'individus de plus en plus narcissiques explique ainsi la contagion du harcèlement moral.

Il n'est pas bon que l'homme soit seul. La dimension collective est indissociable de l'expérience humaine. Les salariés trouvent dans leur travail l'équivalent de ce que leur offraient, hier, leur paroisse, leur syndicat ou la cellule du parti. C'est l'entreprise qui charrie des croyances et des valeurs, une histoire, des traditions mais aussi une solidarité et procure une chaleur. En dehors de la boîte, seul subsiste le cercle intime, celui des amis et de la famille nucléaire. Elle devient une microsociété, la seule qui obtienne des individus un réel dévouement, un authentique engagement. Elle est la dernière structure capable de freiner les désirs, donc la seule qui permette de désirer réellement. C'est le dernier lieu dans lequel le bon plaisir soit borné par un principe de réalité, par une loi et un chef. Les individus ne font plus société que dans et par l'entreprise.

En partant de ce principe, on comprend mieux son pouvoir de séduction. De nombreuses études et enquêtes confirment ce fort attachement affectif à l'entreprise et au travail, notamment en France.

Au moment où l'entreprise se désintéresse de ses salariés, au moment où elle les instrumentalise sans vergogne, les salariés tendent à absolutiser leur entreprise.

Le harcèlement moral procède ainsi du dépit amoureux. Il résulte également, nous l'avons vu, de la peur du licenciement et de la compression des effectifs. Ces trois phénomènes s'entretiennent. Si les salariés refusent de doubler leur tâche habituelle, ils risquent d'être débarqués lors du prochain plan de licenciement. Les managers n'ont aucun besoin de rappeler à leurs collaborateurs que d'innombrables candidats sont prêts à les remplacer. Ils acceptent donc d'en faire plus. Les managers ayant le choix, il ne reste bientôt plus dans les firmes que des salariés zélés. Ce collaborateur idéal est loyal, dévoué, il ne compte pas ses heures et devance les souhaits de son « N+1 ». Dans certaines entreprises, l'essentiel du staff est composé de ce type de profils. Il serait caricatural d'affirmer que ce genre de personnalités est nécessairement lâche. En tout cas, ce type de profils conteste rarement les ordres. Ces individus dociles sont surreprésentés parmi les cadres et les cadres supérieurs.

Lorsque l'imitation des chefs pousse au harcèlement

Ce réflexe conditionné d'obéissance incite ces personnalités peu affirmées à exécuter des ordres qu'elles réprouvent. Un tricheur, un fraudeur, quelqu'un qui enfreint les règles pourra mentir au client, truquer les comptes, piéger un salarié ou dissimuler un plan de licenciement sans culpabilité. Alors qu'un travailleur consciencieux, en accomplissant par loyauté des actes qu'il désapprouve, va éprouver un déchirement. Il suffit que les entreprises soient devenues de purs centres de profits pour comprendre que certains salariés sont quotidiennement mis en demeure de « mal faire » (moralement) pour « bien faire » (économiquement).

Ce genre de situations inconfortables correspond à ce que les psychiatres appellent l'injonction paradoxale ou le *double bind* : demander à quelqu'un de faire une chose (bien faire) et son contraire (pour mal faire). Chez Carrefour, les acheteurs sont formés à « faire les idiots » et à user de mauvaise foi avec les fournisseurs pour faire baisser les prix. Presque partout, la direction incite les managers à « fouetter » leurs commerciaux pour améliorer leur rendement. Comme le précisait un document interne destiné à former les chefs de rayon d'une grande chaîne d'hypermarchés : « Avec la peur, on obtient tout ! » Chez Novartis Pharma, le code de « savoir-être et de savoir-faire » baptisé « Pathways et Talents » incitait les employés à dénoncer les fautes de leurs collègues. La plupart des entreprises se montrent plus subtiles. Il s'agit de gonfler les chiffres ou de tordre un peu la réalité pour convaincre le client. C'est la répétition de ces petits arrangements avec la morale qui finit par créer chez certains un conflit psychique.

Pour comprendre comment efficacité économique et respect du travail bien fait, conscience et profits peuvent s'opposer, voici un dialogue quelque peu surréaliste mais hélas caractéristique de ce que vivent, chaque jour, des millions de salariés.

Des guichetières de la Poste[1] apprennent, lors d'une formation, à traiter l'usager en client et à « placer » des produits prêts à poster :

Le formateur précise : « Ne dites pas : Si j'étais vous… ou à votre place… Vous n'êtes pas eux.

1. *Cf.* note de la Fondation Res publica, *Une politique du travail*, colloque du 9 janvier 2012.

– Mais les clients aiment bien qu'on ait une relation de confiance avec eux, rétorque la guichetière.

– Établir une relation de confiance n'implique pas que vous deviez vous mettre à leur place (…) Dites plutôt : “La Poste vous propose”… Vous devez rechercher ce que la Poste peut proposer de mieux.

– De mieux pour eux ou de mieux pour la Poste ? glisse une autre guichetière.

– C'est pareil, la Poste propose ce qu'elle a de mieux pour son client. Votre travail, c'est de satisfaire le client, c'est-à-dire, répondre à ses demandes et identifier ses besoins latents. Par exemple, si un client se présente avec un paquet qu'il a lui-même confectionné, indiquez-lui que la Poste lui propose une gamme de prêts à expédier.

– Au guichet, quand je vois quelqu'un qui arrive avec un paquet bien fait, bien fermé, je ne vois pas pourquoi j'irais lui dire de défaire son paquet et de payer trois fois le prix de son acheminement pour acheter un colis poste…

– C'est une erreur ! Pour avoir confiance, le client a besoin d'avoir en face de lui un vrai professionnel. Et le vrai professionnel connaît ses produits. Le client ne vient pas voir Mme Michu qui à sa place ferait comme ci ou comme ça mais Sandra ou Jacky qui sont des guichetiers professionnels. Vous ne devez pas vous mettre à leur place !

– C'est sûr, si on se mettait à leur place, on n'en vendrait pas beaucoup !

– Justement, vous n'en vendez pas beaucoup ! C'est d'ailleurs pour ça que vous êtes là aujourd'hui. »

Être ainsi incité à mentir pour « performer » ne pose aucun problème à certains. Un consultant[1] reconnaît ainsi : « Nous travaillons pour le client, le reste ne nous concerne qu'à titre personnel, c'est comme la religion. » D'autres ne sont pas capables d'un tel recul.

Lors d'un colloque[2], le sociologue Yves Clot expliquait : « La source principale des problèmes de santé au travail est l'impossibilité dans laquelle on se trouve de faire quelque chose qui soit défendable à ses propres yeux. Dans beaucoup de situations professionnelles, les salariés sont amenés à effectuer des tâches qui ne sont pas complètement défendables (...) et dont ils n'ont pas envie de parler le soir en famille. »

La société deviendrait rapidement irrespirable si nous ne faisions pas attention à autrui. Vivre en collectivité impose de faire des concessions. Mais l'économiquement correct cultivé en entreprise impose aux salariés de pratiquer l'obséquiosité et l'hypocrisie à longueur de journée. En entreprise, tout le monde sourit à tout le monde et nul n'émet la moindre critique et reste « positif ». Cela n'est vrai que du bas vers le haut de la hiérarchie. Entre personnes de même échelon ou, pire encore, à l'égard des subordonnés, le dénigrement et l'agressivité ont libre cours.

Vis-à-vis des clients, c'est le « sourire, bonjour, au revoir, merci », le « sbam ». Les employés des grandes chaînes de restauration rapide ou les caissières de supermarché sont ainsi contraints au « sbam ». Dans

---

1. Témoignage rapporté par Jean-Philippe Desbordes dans son ouvrage, *Management Circus*, *op. cit.*

2. Note de la Fondation Res publica, *Une politique du travail*, colloque du 9 janvier 2012.

les pays anglo-saxons, cette pratique est tellement exacerbée que lorsque l'on est abordé par des vendeurs, dans un magasin, formatés au « sbam », on éprouve l'étrange sensation de côtoyer les adeptes d'une secte. On notera au passage que, une fois de plus, le management enfonce des portes ouvertes en apprenant la politesse et qu'il prospère sur la déliquescence du savoir vivre ensemble.

Un matin, la pression devient trop forte et certains salariés explosent. Dans un pays scandinave, une publicité pour une entreprise d'intérim (on appréciera l'ironie !) montre une blonde enjouée sortant de son travail. Cette jolie jeune femme entre dans sa voiture, démarre et allume la radio. Un son tonitruant de hard rock remplit l'habitacle et elle se met à tambouriner sur son volant et à hurler à s'en fendre les tympans, expulsant sa rage rentrée. N'en pouvant plus de courber l'échine face à un management parfois aberrant, c'est ainsi que d'excellents collaborateurs finissent par « péter les plombs ».

Le harcèlement traduit la culpabilité éprouvée par ceux qui ne supportent pas d'appliquer des méthodes qu'ils réprouvent. Médecins et psychologues témoignent de ce phénomène. Dans notre imaginaire politique, le terme de « collaborateur » est fortement connoté. Hasard ou coïncidence, c'est celui que les managers utilisent pour désigner leurs subordonnées. Certains « collaborateurs » ressemblent à leurs ancêtres des années 1940. Comme leurs prédécesseurs, il peut s'agir de braves pères de famille agissant par lâcheté. N'osant pas braver l'autorité, ils aident par exemple leur hiérarchie à licencier leurs collègues. On comprend mieux pourquoi les victimes de harcèlement en viennent à retourner la violence contre eux. Ils éprouvent de la honte à s'être ainsi laissé manipuler.

Le suicidé d'Orange est le contraire du soldat qui se sacrifie. Le suicidé du technocentre est le contraire du combattant qui meurt pour une cause en laquelle il croit. Ayant été obligé d'accomplir des actes contraires à ses valeurs, le salarié pressuré finit par se supprimer. Il met fin à ses jours comme pour dire aux autres : « Je suis désolé d'y avoir cru ! »

Dieu merci, le management débouche rarement sur de telles extrémités. En revanche, il aboutit fréquemment à dissoudre la solidarité. En poussant à bout certains salariés, les dirigeants « transfèrent la pression », comme le recommandent les experts en management. Le harcèlement révèle que les managers sont incapables de créer une dynamique de groupe saine, fondée sur la coopération et l'esprit de dévouement. Le harcèlement moral soulève, une fois de plus, la question de l'efficacité du modèle managérial.

Comme le souligne Philippe Askenazy[1] : « En France, le coût des maladies et accidents du travail atteint 3 % du PIB, soit l'équivalent d'une dizaine de jours fériés par an. Avec le vieillissement de la population active, cette évolution va aller en s'aggravant. » Le harcèlement révèle une absence de motivation. Le harcèlement détruit le travail à la racine, il arrache les fondements d'une éthique de l'effort et du mérite.

Culpabilité et mimétisme formeraient ainsi les principales explications du harcèlement. Le chef est toujours imité par ses subordonnées. Que le patron fasse bien ou mal, qu'il pense juste ou faux, ce qu'il fait ou

1. Philippe Askenazy, *Les Désordres du travail*, Seuil, 2004.

pense inspire toujours ses collaborateurs. Contrairement aux salariés zélés qui s'oublient, les managers servent leurs intérêts. Pour la plupart égoïstes et individualistes, les managers n'en sont pas moins chefs et, à ce titre, copiés par leur base.

Le harcèlement moral est le bonus du pauvre

Sorti en 1998, l'ouvrage de Marie-France Hirigoyen[1] a braqué les projecteurs sur la souffrance au travail. Selon les associations spécialisées, 10 % de la population en serait victime. Face à cette véritable épidémie, Hirigoyen a dû publier un second livre[2] pour démêler le vrai du faux.

Le harcèlement peut aussi offrir un prétexte pour traîner son employeur devant les tribunaux. Une majorité se laisse piéger par le management. Mais d'autres retournent ses règles contre lui. À l'image de leurs chefs, ces employés calculateurs poursuivent aveuglément leurs intérêts. À défaut d'être honnêtes, ces « agents rationnels » s'adaptent à leur environnement. Craignant d'être remerciés pour incompétence, certains menacent d'attaquer leurs employeurs. D'ailleurs, les démissions n'existent plus. Soit le départ d'un cadre fait l'objet d'une « transac », (en clair, on lui fait un chèque pour qu'il s'engage à ne pas porter son cas devant les prud'hommes) soit l'employé déclenche un contentieux.

1. Marie-France Hirigoyen, *Le Harcèlement moral*, *op. cit.*
2. Marie-France Hirigoyen, *Malaise au travail. Harcèlement moral : démêler le vrai du faux*, La Découverte, 2001.

En se faisant désigner comme représentant syndical ou élire au Comité d'entreprise ou d'hygiène et de sécurité, certains cyniques établissent un rapport de force avec leur hiérarchie. Dénuées de scrupule, ces personnalités théâtralisent parfois leur opposition. Compte tenu du marché du travail, les élus sociaux qui s'opposent réellement aux managers sont fort rares. Ceux qui servent un intérêt général sont encore moins nombreux. Dans le monde managérial, les représentants du personnel ne représentent souvent qu'eux-mêmes. Dans le secteur privé, on ne se bouscule guère aux élections du personnel. Quant aux délégués syndicaux, ils sont généralement nommés par des centrales désertes de militants.

La dénonciation des syndicats de la fonction publique prenant en otage la population pour préserver leurs acquis n'est, hélas, pas dénuée de fondement. De plus en plus, les grèves poursuivent des objectifs corporatistes. Il n'y a d'ailleurs aucune raison pour que les fonctionnaires soient plus vertueux que les salariés du privé. De même, il n'y a aucune raison pour que les subordonnés soient plus vertueux que les chefs. Le poisson pourrit par la tête.

Est-il besoin de préciser que la plupart des organisations syndicales sont converties à l'idéologie gestionnaire ? Même la vieille CGT s'est fait traîner par ses employés devant les tribunaux. En tant que patrons, les leaders syndicaux sont devenus des managers. Ils gèrent leur carrière, soignent leur image et poursuivent leurs intérêts individuels.

Une majorité d'individus sont enclins à faire le bien plutôt qu'à faire le mal. Une fois ce constat établi, il convient d'ajouter que si elle doit choisir entre commettre un acte immoral et désobéir, la majorité obéira. Cela ne signifie pas qu'il faille désespérer de l'humanité. Celle-ci n'est ni meilleure ni pire aujourd'hui qu'elle ne l'était hier. La seule conclusion à laquelle aboutir, c'est celle de l'extraordinaire responsabilité des chefs. Le chef n'est plus exemplaire mais, qu'il le veuille ou non, il continue à donner l'exemple. Il n'y a donc rien d'étonnant à ce que l'égoïsme du sommet contamine la base. En revanche, il est surprenant que le patronat fustige l'idéologie du loisir ou le goût de la réussite facile après avoir tant œuvré pour les diffuser. Après avoir délocalisé, adopté des systèmes d'allocations pour les oisifs, libéralisé les marchés financiers, allégé la fiscalité sur les héritages, encouragé la fraude fiscale, les managers regrettent la perte du goût de l'effort et du civisme. Un comble !

Une étude du Centre d'étude de l'emploi sur la place et le sens du travail en Europe confirme que les Français demeurent attachés à la valeur du travail. Ils expriment aussi avec force le désir de réduire la place qu'il occupe dans leur vie. La conclusion de cette enquête est que le travail est devenu tel qu'il vaut mieux diminuer le temps qu'on lui consacre. Il existe ainsi un rejet du travail fondé sur la nostalgie du travail bien fait, de même qu'il existe une abstention civique fondée sur le dédain pour les gesticulations communicationnelles des candidats.

Dans les entreprises, le lien dirigeant-dirigé semble rompu. Une étude récente du Cabinet Mercer (conseil en ressources humaines) révélait que le pourcentage des salariés souhaitant quitter leur employeur est passé, de 2007 à 2011, de 17 à 30 %. Un cadre dirigeant de Renault me confiait que, dans la firme au losange, la rupture entre le sommet et la base était désormais consommée.

Comme le creusement des déficits américains et des excédents chinois maintient à flot l'économie mondiale, seule la peur du chômage fait tenir le système managérial. Mais il est peu probable que la crainte de perdre son emploi agisse avec la même efficacité sur une jeunesse précarisée que sur un salariat avec enfants et emprunts. L'un de ces jeunes témoigne[1] : « Avant, on tremblait à la perspective d'un plan social. Maintenant, on se bat pour être sur la ligne de départ. Ça paraît ubuesque mais, lorsque les entreprises ouvrent des plans de volontariat, il y a parfois plus de candidats au départ que de postes à supprimer. »

Cette désillusion généralisée et le fait que le système managérial soit comme éventé sont surtout perceptibles chez ceux que l'on baptise les « Y ». Ces fameux Y sont les produits d'un monde fondé sur l'appât du gain et sur la poursuite aveugle du bon plaisir. Avec cette génération utilitariste, en réseau, sans attache ni complexe, les managers récupèrent leurs enfants légitimes.

La génération Y, enfant légitime du management

Nés après la chute du mur de Berlin, ces diplômés n'ont connu aucune alternative au management. Arrivés sur le marché de l'emploi avec les années 2000, ces jeunes sont plus négociateurs et davantage mobiles que

1. Alexandre des Isnards et Thomas Zuber, *op. cit.*

leurs aînés. Selon Olivier Rollot[1] : « L'ambiance n'est plus aux portes qui claquent, avec leurs parents, les vingtenaires d'aujourd'hui jouent la corde copain-copain ambiance Tanguy (…). » Pour ces rejetons du chômage et du divorce, la méfiance est de mise. Selon le psychologue Philippe Hoffmann[2], cette génération considère celle qui la précède comme peu fiable. Les *digital natives* se sont construits à l'image de leurs parents, des individus égoïstes sur lesquels on ne peut pas compter. « Même s'ils sont tout le temps sur Internet, ils manquent de culture générale, ils ne s'intéressent qu'à ce qui les touche directement. » Pour Sylvie, cadre de cinquante-huit ans[3] : « On dirait que le plus important pour eux, c'est de pouvoir quitter le travail à 17 heures. » C'est surtout au bureau que le conflit générationnel éclate. « Les X, soit les natifs des années 1965-1980, ouvrent des yeux ronds devant ces Y qui, sans complexe, donnent leur avis avant leur chef, consultent Facebook à longueur de journée et n'hésitent pas à réclamer des jours de congé. Quant aux responsables des ressources humaines, ils tombent des nues quand ils entendent un jeune de vingt-trois ans solliciter un aménagement de son temps de travail pour continuer à jouer dans son groupe de rock. » Pragmatiques et calculateurs, les Y misent sur le court terme. Comme l'écrit Olivier Rollot : « Ils ont intégré la notion de CDD. »

Deux membres de cette génération se lâchent dans un ouvrage consacré aux affres du néomanagement[4].

1. Olivier Rollot, *Génération Y*, PUF, 2012.
2. Philippe Hoffmann, *L'Impossible Séparation entre les jeunes adultes et leurs parents*, Albin Michel, 2011.
3. *Les Y expliqués aux parents*, *L'Express*, n° 3167, 17 mars 2012.
4. Alexandre des Isnard et Thomas Zuber, *op. cit.*

Leur préface annonce la couleur : « Ce livre raconte tout ce que les jeunes cadres savent mais qu'ils taisent et donc que les autres ignorent : les nouvelles formes de violence, le diktat de la bonne humeur et de la convivialité, la fausse liberté qu'offre la flexibilité, le supplice du timesheet, la folie de l'évaluation et de l'autoévaluation, le manque de reconnaissance, etc. Bref, l'envers du décor de ce néomanagement qui avait tout pour plaire mais qui, à l'usage, ne consiste qu'à essayer de rendre cool cette réalité : nous sommes des ressources interchangeables. Du coup, plus de projet commun, plus de fidélité entre l'entreprise et ses jeunes cadres. » Et nos deux auteurs de conclure : « Les intérêts individuels des salariés et ceux de l'entreprise sont tellement séparés que l'instrument suprême – la promotion – en est affecté. »

Ce que les managers pensent tout bas (nous en avons assez de tirer « ces boulets »), la génération Y le revendique tout haut. Jouir du prestige que procure le statut de dirigeant soit, mais s'occuper des autres, très peu pour elle. Cette génération ambitieuse mais individualiste refuse le commandement. En forçant à peine le trait, on pourrait qualifier les Y de « socialement phobiques ». Les *digitals natives* sont pourtant indissociables des réseaux sociaux. Mais ce que l'on appelle improprement réseaux « sociaux » ne sont justement pas des réseaux réels ou des sociétés humaines. Les networks numériques n'ont pas de leaders. Le principal d'entre eux s'intitule *Facebook*, c'est-à-dire littéralement, « mon visage sur un livre ». Avec Facebook, ce qui passionne la génération Y, ce ne sont pas les autres, c'est de se contempler au milieu des autres ! Sur Facebook, il faut avoir des amis pour montrer que l'on en a.

À l'image de l'entreprise managée, les réseaux sociaux organisent une collectivité d'électrons libres, révocables à tout instant et dont l'épaisseur humaine est celle de quelques pixels. Facebook est l'œuvre d'un informaticien qui n'arrivait pas à rentrer dans les fêtes où il fallait se montrer. Fondé par un asocial, Facebook peut facilement dériver en instrument de sociabilité pour autistes. La génération Y est ambivalente. Son émergence est aussi réconfortante que désolante. Les jeunes ont intégré le management et s'y sont adaptés. Au passage, ils ont passé par-dessus bord l'idée d'intérêt général. Considérée sous un autre angle, cette génération révèle que tout n'est pas perdu, qu'il existe encore des ressorts de vitalité au sein de la jeunesse. Puisqu'elle est moins naïve et plus résiliente que la génération précédente qui s'est laissé harceler. Hélas, trois fois hélas, sa révolte s'ancre dans sa volonté de profiter, de prendre du bon temps, de s'occuper de soi. Le temps du commandement était celui durant lequel l'opposition était forte entre dirigeants et dirigés partageant une même éthique du service. Le temps du management fut celui durant lequel le résidu de cette éthique permit à des subordonnées manipulés de servir des dirigeants individualistes. Celui de la génération Y sera celui de la démocratisation du bon plaisir où chacun arbitrera au gré de ses envies. Seuls les croyants du marché peuvent espérer qu'une telle société restera gouvernable.

Tout système idéologique repose sur un mélange de fascination et de crainte. Il serait scandaleux de placer un signe d'égalité entre management d'un côté et nazisme ou communisme de l'autre. Sans qu'il y ait aucune équivalence ni même comparaison morale possible, on peut cependant relever quelques signes de parenté dans l'essoufflement actuel du management et la fin du totalitarisme communiste (le nazisme ayant lui été vaincu par les armes). Les Y « ne marchent plus » dans le système « corporate » car ils n'y croient plus comme les jeunes Russes des années 1980 en URSS se mirent soudain à railler les dogmes du parti et à ne plus craindre ses foudres. En 1989, derrière le rideau de fer, cela faisait sans doute longtemps déjà que les peuples ne croyaient plus à Lénine mais ils se sentaient obligés de faire semblant par un mélange de peur et de conformisme. Le socialisme restait vaille que vaille en place. Les magasins étaient vides, le système était lézardé mais il tenait encore. Et puis soudain, les digues cédèrent. Et le système fut emporté en vingt-quatre heures. La terreur cessa d'opérer. Tout le monde sembla s'être donné le mot pour revendiquer publiquement ce qui se murmurait depuis si longtemps. Le mouvement contestataire, jusqu'ici propre à une poignée d'intellectuels, souleva le peuple entier, policiers et militaires compris. Le torrent de la légitimité emporta le régime comme un fétu de paille. Le communisme en tant qu'idée légitime avait vécu. À présent, nous sommes au bord d'un phénomène équivalent concernant le capitalisme. La génération Y n'y croit plus et ne fait même plus l'effort de faire semblant d'y croire. Résultat de l'accoutumance des moins de vingt-cinq ans à la précarité, la peur de perdre son emploi n'agit plus sur la jeunesse. Le système managérial a aussi ses refuzniks.

Diplômé d'HEC et compagne de Martin Hirsch, Florence Noiville a écrit en 2010 un ouvrage[1] dans lequel

1. *J'ai fait HEC et je m'en excuse*, Stock, 2009.

elle décrivait le spleen de managers cultivés qui, un matin, s'interrogeaient sur le sens d'une existence passée au service de la marge brute et de la marque. Après vingt ans de bons et loyaux services envers l'actionnaire, ces diplômés de grandes écoles de commerce plaquaient tout pour l'humanitaire, l'enseignement ou le médico-social, bref pour servir et retrouver un sens collectif. On peut choisir de flétrir une jeunesse déboussolée ou dénoncer des cadres qui crachent dans la soupe. Il paraît plus raisonnable de poser son oreille sur le rail pour percevoir les trépidations d'un train qui arrive sur nous à grande vitesse. Celui d'un avenir post-managérial.

CHAPITRE 9

Réapprendre à commander

> « Les relations de pouvoir ont leurs règles d'or qui ne s'apprennent pas dans les livres. »
>
> Régis DEBRAY.

L'art du commandement a été noyé dans les bombonnes réfrigérées des multinationales. Mais le temps béni du commandement n'a jamais existé. Il faut résister à l'illusion d'un âge d'or. Certains leaders ne furent pas moins dogmatiques, pleutres ou pervers que les plus caricaturaux de nos managers.

Il y avait naguère d'abominables chefs. Leurs personnalités ou leurs idéologies les gâtaient davantage que leur manque de métier. Notable différence, les chefs d'hier étaient trop chefs. Ceux d'aujourd'hui ne le sont pas assez. Il y eut des Staline, des Hitler ou des Mao. Il n'y avait pas encore de Hollande ou de von Rompuy.

Il serait aberrant de considérer les chefs actuels comme inaptes. Il serait injuste de les croire tous stupides ou lâches. À présent, il n'y a pas moins d'hommes et de femmes de caractère, imaginatifs et intelligents, capables d'exercer d'éminentes responsabilités. Il n'y a aucune génération spontanée de mauvais dirigeants. Aucune dégradation du sang n'explique la déconfiture du commandement.

Nos dirigeants ne sont pas intrinsèquement mauvais mais leurs conceptions sont aberrantes. Nos leaders ne sont pas prédestinés à être inefficaces. En revanche, les formations qu'ils reçoivent comme les idées qui les inspirent abîment une majorité d'entre eux.

Examinons comment nous déformons nos futurs chefs avant de rechercher ce que nous pourrions reprendre d'une époque qui savait détecter des meneurs et les préparer à diriger.

Former Marco Polo

Hier, on apprenait à commander sur le tas. Aujourd'hui, on se forme pendant des années avant de manager.

« La tolérance, il y a des maisons pour cela », disait Claudel. Pour le management, il y a des écoles. La responsabilité des établissements qui diffusent la pensée managériale paraît primordiale.

Replaçons-nous dans le contexte des années 1970. À l'époque, il était difficile d'imaginer qu'un jour l'élite serait formée à lire des bilans ou à rédiger des argumentaires de vente.

Jusqu'à la fin des Trente Glorieuses, compte tenu du poids de l'industrie, l'avenir semblait appartenir aux écoles d'ingénieur. Les écoles de commerce n'étaient pas devenues des *management schools*. La voie commerciale était réservée à ceux qui n'osaient pas tenter les grands concours littéraires (agrégations, ENS, ENA), ou scientifiques (écoles d'ingénieur, écoles militaires). Réussir HEC, l'ESSEC ou l'ESCP ne nécessitait ni esprit de finesse hors norme, ni esprit de géométrie hors du commun. Une fois qu'on les avait intégrées, ces écoles offraient un mélange d'expérience de terrain et de formation sommaire. À quelques techniques de vente, les écoles de commerce ajoutaient des notions de finance, des bribes de droit et d'économie. La méthode américaine des cas et la pratique de langues étrangères complétaient ce modeste bagage.

Une formation peu éloignée de celle reçue par Marco Polo. Avant de rapporter les pâtes en Italie, le voyageur de commerce vénitien avait lui aussi appris un peu de comptabilité et quelques rudiments de langues étrangères.

En fait, les métiers exercés après une école de commerce s'apprennent essentiellement sur le terrain. La plupart des firmes parachèvent la formation des diplômés. Un HEC embauché par L'Oréal commence par faire le tour des salons de coiffure en plaçant les produits maison. Et cette expérience comptera autant sinon plus que les enseignements dispensés à Jouy-en-Josas.

La question est taboue mais osons la poser : est-il besoin de sortir d'une école hyper sélective pour faire un cadre honnête ? Pour devenir un excellent chef de produit ou un remarquable DRH, inutile de sortir de l'une des formations les plus élitistes de la planète. C'est encore plus vrai des créateurs d'entreprise dont beaucoup n'ont pas fait de longues études, voire sont autodidactes.

Réussir dans les affaires mobilise davantage des qualités personnelles et une intelligence pratique qu'un pesant bagage théorique ou un goût affirmé pour l'abstraction.

Longtemps la France a dévalorisé les carrières du commerce ou de l'argent. À tort. Car si pour réussir dans ces métiers, il n'est nul besoin d'être savant, courage, bon sens et intelligence y sont indispensables. Nous sommes tombés d'un excès dans l'autre.

Un catastrophique brain drain

Depuis longtemps, le secteur privé embauche les anciens élèves des grandes écoles publiques telles que les ENS, l'ENA ou Polytechnique et rembourse à l'État le coût de leur scolarité. C'est ce que l'on appelle le pantouflage. Jusqu'ici, ces formations d'élite différaient de celles dispensées dans les *business schools*. Elles tendent désormais à s'en rapprocher.

À l'École normale supérieure de la rue d'Ulm, l'ex-directrice, Monique Canto-Sperber, s'est efforcée, à grand renfort de sondages de notoriété, de vendre la « marque ENS ». Comme le révèle un article du *Monde diplomatique*[1] : « Les élèves ont récemment été incités à répondre à l'enquête "My future career". Conduite à l'échelle européenne par l'organisme Universum Global, celle-ci vise à connaître les perspectives de carrière des étudiants, leur conception de l'"employeur idéal", et à aider les écoles à mieux répondre à leurs attentes. » S'agissant de serviteurs de l'État, une telle démarche est pour le moins surprenante.

Depuis sa création en 1945, le cursus de l'ENA intègre deux stages obligatoires, l'un en ambassade et

1. Mathias Roux, « L'École normale supérieure tentée par la philosophie des affaires », *Le Monde diplomatique*, août 2011.

l'autre en préfecture. Dans les dernières années du XXe siècle, les futurs serviteurs de l'État furent encouragés à effectuer l'un de ces deux stages en entreprise. Il ne s'agissait que de la première étape d'un rapprochement avec le modèle de la *business school.* Désormais, pour le directeur de l'ENA[1], « la nécessité pour les futurs hauts fonctionnaires de bien connaître et de maîtriser les méthodes de management dans l'entreprise » impose aux étudiants de suivre des séminaires de leadership animés par des consultants. Grâce au cabinet Hudson, « leader mondial du conseil en recrutement et du conseil en ressources humaines », les futurs hauts fonctionnaires évaluent « leur profil de manager » en effectuant un bilan de compétences. Une fois en poste, les impétrants s'emploieront à « changer le "business model" de l'État », comme l'explique un inspecteur des finances[2].

Il n'est plus rare que des énarques ou des polytechniciens déjà triés sur le volet et profitant d'études gratuites complètent leur formation par des MBA, faiblement sélectifs et hors de prix.

Quant à l'Institut d'études politiques de Paris, dont le prestige était jadis lié à son caractère d'antichambre des carrières de la haute fonction publique, il se félicite d'être devenu une école de management.

La plupart des grandes écoles d'ingénieur comme Centrale proposent désormais des spécialisations en gestion. À l'École des mines, le cursus d'excellence s'appelle la finance !

---

1. Bernard Boucault, « L'enseignement du management à l'ENA », *L'ENA hors les murs,* Paris, octobre 2010.
2. *Les Échos,* 27 octobre 2009.

Dans le monde entier, les études en gestion opèrent un *brain drain* attirant à elles les élèves les plus doués pour l'abstraction. Ce détournement de cerveaux reflète l'attractivité du modèle managérial. La satisfaction de contribuer à une œuvre collective, l'envie de servir un idéal, le souhait de se sentir utile, même le goût français de la gloire, s'effacent devant l'irrésistible volonté de réussite matérielle. D'après une étude conduite par l'association des anciens élèves de l'ENA[1] auprès des dix dernières promotions, 80 % des anciens élèves envisagent d'intégrer une entreprise. Cette même enquête révèle que les anciens passent au secteur marchand trois fois plus vite que leurs aînés des années 1970.

De même, au concours de l'internat, les meilleurs médecins optent pour la chirurgie plastique ou la stomatologie. Ils ne choisissent plus, comme c'était encore le cas il y a vingt ans, cardiologie ou neurologie. Les riches auront de belles dents, leurs épouses, de fortes poitrines. Mais nous risquons tous d'être mal soignés. Ce siphonage des « capacités » ne restera pas sans conséquence sur notre capacité d'innovation ou sur notre maîtrise technologique.

Les TGV, les centrales nucléaires, la force de frappe, l'industrie spatiale et les filières de demain, tout ce qui fait la puissance mais aussi le niveau de vie de notre pays implique de sélectionner et de former des scientifiques et des techniciens. Transformer de potentiels spécialistes des nanotechnologies en gestionnaires de patrimoine est une aberration que nous payerons cher.

D'ores et déjà, la France manque de 50 000 ingénieurs par an. Nous manquons également de techni-

1. *Les Échos,* 3 décembre 2010.

ciens supérieurs. Qui a le plus besoin d'intelligence théorique, les laboratoires ou les *open spaces* ? Le même raisonnement s'applique à l'enseignement. Former nos enfants, serait-ce une activité moins noble qu'optimiser les ventes dans les linéaires ? Placer les capitaux des nantis, est-ce vraiment plus important que de découvrir les médicaments de demain ?

Des business schools made in USA

Dans les formations commerciales, la sélection par l'argent, les mécanismes superficiels de contrôle des connaissances par QCM, le manque d'exigence et de profondeur, tout cela mérite d'être mis au débit du *made in USA*. Certaines dérives de la culture managériale proviennent de son fond culturel américain. Certaines, mais pas toutes. Les Américains, par exemple, n'ont jamais prétendu former des dirigeants.

Le terme d'école de management a été forgé sur le Vieux Continent. Aux États-Unis, le monde académique est resté fidèle à l'appellation de *business studies*.

Les Américains sont moins enclins que les Européens à considérer que la formation fait le chef. Outre-Atlantique, les patrons tendent à promouvoir des collaborateurs qui démontrent leurs aptitudes dans l'action. La culture politique des États-Unis repose toujours sur des convictions susceptibles d'étayer une vision de l'intérêt général. Fondées sur la réussite individuelle (le fameux « *American dream* » qui revient comme une antienne dans le discours des élus américains), ces valeurs sont partagées par tous, chefs et subordonnés. Le patriotisme sincère et la profonde religiosité de cette jeune nation expliquent que les *business studies* y aient moins déformé les dirigeants étatsuniens que ceux de l'Ancien Monde. Une idée fausse, répandue au sujet des États-Unis, fait de ce pays la patrie de l'individualisme. C'est méconnaître l'attachement des Américains, quelles que soient leurs origines, à un esprit communautaire. Outre-Atlantique, la vie de groupe n'a jamais cessé. Dans le Nouveau Monde, les épisodes totalitaires n'ont pas démonétisé les chefs, ni diabolisé les uniformes ou les hiérarchies. L'appartenance à des groupes de toute nature, la pratique des sports collectifs contribuent à la formation de futurs chefs ou de collaborateurs aptes à travailler en équipe. Sur les campus, la vie des « fraternités », ces clubs étudiants pleins de rites et de solidarité, jouent un rôle essentiel dans la fabrication des élites et tempèrent l'égoïsme méthodologique véhiculé par les équivalents locaux de nos écoles de commerce. Conscients que les *business studies* ne cultivent pas ceux qui s'y forment, les cursus commerciaux *made in USA* débutent après un premier cycle universitaire long de quatre ans consacré aux sciences (« *Bachelor of science* ») ou aux humanités (« *Bachelor of arts* »).

Un modèle qui a mal voyagé

En traversant l'océan, cette culture managériale sans prétention s'est durcie. Notre cartésianisme a transformé les pragmatiques *business studies* en discipline arrogante. En France, le penchant anglo-saxon pour les procédures s'est marié avec le complexe de supériorité des technocrates. La rigidité américaine *a posteriori* (une fois la procédure adoptée) s'est doublée d'une rigidité hexagonale *a priori* mêlant goût des jardins dessinés au cordeau et des plans de dissertation. « L'esprit français (...) porté par son goût prononcé de l'abstraction et du système, son culte de l'absolu et du catégorique qui lui assurent de clairs avantages dans l'ordre de la spéculation, prévenait de Gaulle, l'exposent à l'erreur dans l'ordre de l'expérience. »

Une autre pente tricolore réside dans une permanente critique de soi. Sous l'Ancien Régime, on parlait de la grande « déploraison » du royaume de France. Ce goût immodéré pour l'autocritique est comme une seconde nature nationale. Le corollaire de ce penchant, c'est l'exaltation des modèles étrangers. Se comparer, c'est se consoler mais, pour nous autres Français, c'est surtout se désoler. C'est particulièrement vrai des dirigeants. Cela fait d'ailleurs des siècles que nos classes dirigeantes préfèrent pactiser avec l'étranger plutôt que de servir leur peuple. Au temps de la Pucelle, les Bourguignons juraient par les Anglais. Les Frondeurs adoraient les Espagnols. Pendant la Révolution, les émigrés se sentaient prussiens. Au XXe siècle, notre bourgeoisie a successivement bavé devant le *British Empire*, frissonné face au *Reich* avant de tomber en pâmoison aux pieds des *States* ! Éperdues d'admiration pour le management, nos élites font songer au facteur de Jacques Tati qui faisait sa tournée « à l'américaine » ! Comme bien des produits phares de notre modernité (les Nations unies, l'automobile, la photographie, le cinéma, l'Internet ; les États-Unis eux-mêmes[1] !), le management est

1. L'indépendance des États-Unis ne fut acquise qu'au prix d'une intervention militaire de la France qui libéra les seize colonies de la tutelle britannique.

un boomerang qui, après avoir traversé l'Océan, est revenu de ce côté-ci de l'Atlantique.

« À l'américaine »

Le management « à l'américaine » a été acclimaté dans les années 1980 et 1990 : d'abord dans les grands groupes, ensuite dans nos PME.

En 2011, je fus invité par un réseau d'entreprises à plancher devant un parterre de patrons sur le thème : « Le management à la française est-il *has been* ? » Dans quel autre pays se pose-t-on la question de l'obsolescence du style national de management ? Indiens, Canadiens ou Coréens ne s'interrogent pas, comme le font constamment nos chefs d'entreprise, pour savoir si le management à la mode de chez eux est ou non dépassé.

Or, la France est plus productive que cette Amérique censée lui servir de modèle. Le travailleur français est champion du monde de la productivité horaire. Ce qui n'empêche pas son chef de se demander tous les matins comment arriver à la cheville de son maître américain.

Notre tradition des concours a transformé les *business studies* en grandes écoles. On intégrait naguère une école de commerce après avoir bachoté un peu d'algèbre (moins qu'en math sup) et de philo et d'histoire-géo (moins qu'en hypokhâgne). Une fois sur le campus, les heureux élus se formaient pendant deux ans. Deux années pendant lesquelles les commerciaux, multipliant fêtes et stages, picoraient quelques cours de gestion et de culture générale. Ce système hexagonal a été remplacé par une formation plus longue, trois années au lieu de deux, correspondant au standard « licence, master et doctorat » (LMD). Ce cycle débute par une année généraliste consacrée aux fondamentaux de la gestion, il est suivi d'une année de spécialisation (dite aussi Master I ou M1) et s'achève par une année d'approfondissement (dite Master II ou M2). Cette volonté de spécialisation a été voulue par le ministère de l'Enseignement supérieur pour coller aux modes managériales globales, « globales » étant synonyme d'américaines. Jusqu'alors, un diplômé en commerce entrait en entreprise, pourvu d'une vision générale de son fonctionnement. Dorénavant, notre futur cadre n'a plus qu'un an pour acquérir cette vue d'ensemble. Il s'enfermera ensuite dans l'étude de la logistique ou du reporting financier. Lors de ces deux dernières années d'étude, on lui demandera principalement d'approfondir ces sujets. Il étudiera ainsi des théories pointues mais peu complexes et d'une faible utilité professionnelle. Les techniques et les modes changeants de tels enseignements deviendront obsolètes à mesure que le jeune diplômé avancera dans sa carrière.

Au terme de ses études, notre « commercial » devra confectionner un mémoire. Élaborer une problématique, réaliser une synthèse de littérature, rédiger, bref, notre étudiant devra s'initier à la recherche. Cette initiation pourrait se révéler excellente si les sujets de mémoires se prêtaient à une réflexion théorique. L'œuvre de Proust ou la mathématique des fractales offrent matière à la recherche, mais théoriser sur le tir à l'arc ou à propos de l'ébénisterie ou du marketing ? Contraindre de futurs DRH ou de futurs banquiers à jargonner sur des réalités qu'ils ignorent fera-t-il d'eux de meilleurs professionnels ? C'est douteux.

Cette théorisation croissante, combinée à un système élitiste, possède de multiples effets pervers. Les *rankings*, qui classent les écoles les unes par rapport aux autres, comptabilisent le nombre d'articles publiés dans des revues spécialisées par chaque établissement. Plus une école est placée haut dans le classement du *Financial Times* ou de Shanghai, plus ses enseignants publient d'articles scientifiques. 80 % de ces publications sont américaines. Pour maintenir leur rang dans les classements, les écoles de commerce doivent recruter des professeurs aptes à publier. La plupart de ces théoriciens n'ont jamais vu de client, ni d'entreprise ! Imaginons une école de cuisine dans laquelle les cuisiniers auraient été remplacés par des chimistes ou par des experts en gastronomie n'ayant jamais aperçu de fourneaux. Imaginons à présent qu'au lieu de leur apprendre des recettes ou de les entraîner au maniement des casseroles, ces purs esprits exigent de leurs élèves qu'ils réalisent une thèse consacrée au placement des œufs mayonnaise dans l'assiette[1] ? Si la formation des cuisiniers ressemblait à celle des managers, auriez-vous envie de goûter leurs plats ? La volonté d'imposer à la réalité nécessairement complexe des hommes et des entreprises quelques recettes théoriques explique pour une large part la déréliction du commandement.

Des dirigeants de moins en moins cultivés

Abondance de biens ne saurait nuire. Pour un cuisinier comme pour un homme d'affaires, il n'est pas

1. Cette marche vers toujours plus d'abstraction est bel et bien entamée. Dans certains restaurants, nos assiettes ressemblent aux déconcertantes expériences servies chez le célèbre chef catalan Ferran Adria.

mauvais de s'appuyer sur une formation solide. Hélas, plus les écoles de commerce pontifient sur des disciplines pratiques (marketing, comptabilité, etc.), plus elles négligent de transmettre de véritables techniques ou une culture digne de ce nom. L'orthographe devient calamiteuse, la littérature, l'histoire des sciences ou la musique classique sont des Atlantides dont les étudiants ont vaguement entendu parler. Ces élèves que l'on invite à se poser de graves questions heuristiques, à s'interroger sur le choix de leurs méthodologies, ne savent pas toujours bâtir un plan. Les jeunes gens à qui l'on demande une synthèse de littérature ne sont plus obligés de lire un seul ouvrage pendant leurs cursus. *Harry Potter* est souvent le seul « classique » qu'ils croient avoir lu !

Si l'on excepte quelques îlots (École nationale des chartes, agrégation ou École normale supérieure), cet effondrement culturel concerne presque toutes les filières et tous les pays industriels. Au-delà, c'est notre classe dirigeante dans son ensemble qui devient inculte. Archétype du néomanager, Nicolas Sarkozy s'indignait que l'on fasse plancher les candidats aux concours administratifs sur *La Princesse de Clèves*. Pénétré comme ceux de sa génération des analyses de Bourdieu sur la reproduction, Richard Descoing[1] avait supprimé l'épreuve de culture générale à l'entrée de Sciences-po.

Nous ne sommes plus à l'époque où des apprentis sorciers cultivés appliquaient des théories anticulturelles. Dans les années 1960 et 1970, les doctrines visant à démonétiser la culture bourgeoise étaient l'œuvre de

1. « Sciences-po supprime l'épreuve de culture générale », *Le Figaro*, 13 décembre 2011.

savants imbibés de marxisme, de structuralisme ou de tout autre « isme » déconstructiviste. Désormais, des ignares officiels rédigent les programmes. Déformées par des adeptes du pédagogisme et des sciences de l'éducation, les nouvelles générations d'enseignants disposent parfois d'une culture lacunaire. La chaîne de la transmission entre générations a été soumise à une telle torsion qu'elle menace de rompre.

Le néolibéralisme managérial transforme la culture en marchandise. Or, sur le marché, une paire de bottes Vuitton vaut plus que Shakespeare. Comparée à l'étude des techniques destinées à faire acheter des bottes de luxe, celle des grands classiques ne vaut plus un clou. À la sortie de l'École normale supérieure, moyennant 1,5 fois le SMIC, vous alphabétiserez des secondes à Romorantin. En sortant de l'ESSEC, confortablement installé en *business*, vous rejoindrez votre premier poste à 60 000 euros sans les primes. Choisissez votre camp, camarade !

L'utilitarisme de la contre-culture managériale n'est pas le seul acide ayant rongé la transmission culturelle. Le règne de l'expertise empêche également la formation de l'honnête homme. La durée des études s'est certes allongée et une proportion plus importante de jeunes accède à l'enseignement supérieur. Foin de polémique sur le niveau qui pour certains monte ou qui, pour d'autres, descend ! Accordons-nous sur un constat : au sein de toutes les disciplines, la tendance est à l'hyperspécialisation. Cet éclatement des connaissances entraîne un mépris de la vulgarisation. Il y a un demi-siècle, un grand professeur de médecine, en fin de carrière, aimait à livrer une synthèse de l'état de son art. À présent, plus aucun membre de la Faculté ne se hasarderait à rédiger une telle somme. Pas même au sein de sa spécialité. Un oncologue ne se dit plus spécialiste du cancer, pas même du cancer de la peau, mais uniquement compétent dans le mélanome de type B. Ce qui est simple est forcément devenu simpliste, donc faux. Le rêve des Encyclopédistes est désormais perçu comme une chimère populiste.

La culture et la science ne se vulgarisent plus. Toute vulgarisation est trahison. La dernière certitude que l'on transmette aux générations nouvelles, c'est celle suivant laquelle tout serait devenu si complexe que l'on ne pourrait plus rien affirmer de certain.

Le traumatisme subi par des sociétés européennes meurtries par deux guerres mondiales et par la domination féroce d'idéologies totalisantes et simplificatrices explique la répugnance de nos contemporains à offrir une solide culture générale. Ce triomphe du relativisme culturel a été brillamment dénoncé par des auteurs tels Alan Bloom, George Steiner ou Alain Finkielkraut. Privée de certitudes, notre époque ne peut plus être commandée. La défaite de la pensée induit la débandade des chefs.

Sans hiérarchie culturelle, pas d'autorité !

Sans point fixe, aucune hiérarchie ne saurait être établie. En plus du discrédit des valeurs morales et civiques, l'opprobre jeté sur la culture générale condamne le commandement. Les dirigeants ont besoin de connaissances nombreuses dans des domaines variés, comme les peintres ont besoin d'une large palette de couleurs. L'art du gouvernement (la « science des sciences », disait Platon) impose que celui qui l'exerce soit cultivé. Se vouant aux experts, ne croyant qu'aux spécialistes et souscrivant au relativisme, notre époque forme et promeut des chefaillons obtus.

Dans les établissements que j'ai dirigés, je me suis toujours efforcé d'accorder une place éminente à la culture générale. Au début, les élèves sont perturbés par ce type d'enseignement dans lequel le professeur assume volontiers ses opinions, alors même qu'il les invite à ne pas donner les leurs (pour avoir un avis, il faut d'abord le forger) mais à poser et à se poser des questions. Les étudiants sont d'abord décontenancés par ces cours *ex cathedra*. Rapidement, les jeunes générations réalisent l'état de confusion mentale dans laquelle leurs aînés les entretiennent à coups de « c'est complexe, tout est trop complexe pour être vulgarisé ». Grâce à des lectures à haute voix de textes classiques, les étudiants découvrent, comme me l'a confié un jour l'un d'eux, que « les mots sont mille fois plus forts que les images ».

La langue managériale paraît tentée par un retour aux hiéroglyphes, comme si des petits dessins pouvaient exprimer des idées. Arthur M., consultant, explique : « Avec le graphique, on n'embrouille pas son interlocuteur, on va à l'essentiel. L'écriture recèle plus d'ambiguïtés car les mots ont plusieurs sens, comme les phrases. Alors qu'un schéma est simple, rapide et direct. » « Le temps passé autrefois à réfléchir et à écrire des pages à peu près bien construites, estime Cesare P.[1], un patron italien, je le passe aujourd'hui à chercher des images et à les mettre en page. »

1. *In* Franck Frommer, *op. cit.*

Remplacer l'analyse par l'émotion, l'argumentation par les effets de manche, abuser de graphiques pour séduire, mettre en scène et créer une dramaturgie, les managers s'y appliquent. Leurs modèles, ce sont les spectaculaires lancements des produits Apple par feu Steve Jobs ou encore le reportage dans lequel Al Gore monte sur un escabeau électrique pour suivre la courbe des températures. L'éloquence du chef n'a plus besoin de verbe mais repose tout entière sur l'image. Le démonstrateur de supermarché s'appuyant sur des logiciels a remplacé le rhéteur.

L'enseignement en école de commerce reflète cette involution. Les cours s'y intitulent « animations ». Rebaptisés « intervenants », les professeurs doivent proposer un spectacle distrayant.

Le management veut pouvoir disposer de petits spécialistes étriqués, ne comprenant que ce qu'ils comptent et ne voyant pas plus loin que le bout de leur nez.

La culture générale fait souvent l'objet d'enseignements optionnels, plus ou moins récréatifs, consacrés à des thèmes ayant rarement des liens entre eux. Dans certains établissements, on propose ainsi quatorze heures d'initiation à la psychanalyse lacanienne (auprès d'un public qui n'a jamais lu Freud) ou vingt heures sur le chamanisme en Asie centrale (alors que les étudiants ignorent souvent leur propre religion). Généralement, ces enseignements comptent peu dans l'évaluation. Contrairement à ce que professe l'utilitarisme managérial, la culture générale ne sert pas à meubler les dîners d'affaires. La culture authentique ne « sert » à rien. Au contraire, elle révèle le caractère irremplaçable de l'inutile.

Au sein des cursus de gestion, la culture devrait jouer le même rôle que la philosophie au lycée, elle devrait remettre en cause les autres enseignements (le marketing, la finance, etc.) et stimuler l'esprit critique.

Une culture générale solide permet de ne pas ressembler à ces jeunes managers gavés d'écrans et relayant un pauvre imaginaire américain qui espèrent vendre les mêmes produits en suivant les mêmes recettes à des Saoudiens et à des Norvégiens.

À l'inverse, les sciences de gestion diffusent un relativisme « multiculturel » (« chacun voit midi à sa porte », « il ne faut pas juger », « il est mauvais de généraliser ») et quelques idées toutes faites (« les gens sont les mêmes partout », traduction : « tout le monde veut faire de l'argent » ; « si tous les gars du monde se donnaient la main [pour fonder des boîtes !] » ; etc.). Elles n'apprennent pas à penser mais à appliquer. La culture générale sert d'art du détour, en apprenant à réfléchir, en apportant des connaissances amples et gratuites, elle joue un rôle analogue au grec, au latin ou aux mathématiques. Ce côté désintéressé, l'art pour l'art, fondent la force de ce que l'on appelait jadis les humanités.

En 1934, dans *Vers l'armée de métier*, de Gaulle affirme : « La véritable école du commandement, c'est la culture générale. Par elle, la pensée est mise à même de s'exercer avec ordre, de discerner dans les choses l'essentiel de l'accessoire. » On connaît aussi sa célèbre formule : « Au fond des victoires d'Alexandre, on retrouve toujours Aristote. »

La responsabilité sociale de l'entreprise

Plutôt que d'enseigner la morale, on préfère dispenser des heures d'éthique, c'est-à-dire de science de la morale. La nuance est de taille. La morale prescrit, donc donne mauvaise conscience. L'éthique relativise les normes et permet de manager tranquille.

Au lendemain de la crise financière, la communauté des écoles de commerce a spontanément formé un chœur de pleureuses sur le thème : « C'est notre faute, c'est notre très grande faute et nous jurons d'intégrer la responsabilité sociale dans nos programmes. » À HEC, par exemple, les enseignements de « RSE » (« responsabilité sociale de l'entreprise ») sont devenus obligatoires pendant l'année 2009. Et puis les marchés sont repartis à la hausse et les cours d'éthique sont redevenus optionnels. Le concept même de « RSE » est un peu tartuffe puisqu'il consiste à ne faire le bien que si l'on peut, en même temps et par la même occasion, faire du profit ! La morale n'a plus droit de cité. En revanche, l'éthique (« quand je veux et si je veux » pour reprendre les termes d'un slogan publicitaire) est apparue dans les rayons du marché de l'enseignement.

Nombre de formations en gestion sentent qu'elles ne s'en sortiront pas en ajoutant quelques heures d'éthique des affaires à leurs programmes. Beaucoup d'établissements prennent cependant des initiatives qui relèvent du gadget.

Le programme baptisé Proteus de la London School of Economics promène ses participants au zoo en compagnie d'un anthropologue car « étudier le comportement des singes est un moyen de réfléchir à la place de l'espèce humaine », puis dans des galeries de peinture pour étudier la créativité ou sur les docks pour mesurer le changement social. À la Solvay Business School de Bruxelles, témoignages de dirigeants et de philosophes se mêlent pour édifier les futurs managers. Dans l'*Oxford Scenario Program*, neurologues, spécialistes de l'environnement et historiens du Moyen Âge se relaient pour préparer les participants à la « planification stratégique ». Quant au séminaire pour « high pots[1] », développé avec le WWF et intitulé *One Planet Leader* de l'IMD de Lausanne, il concentre les fondamentaux du développement durable pendant deux mois de e-learning, avant de proposer quatre jours de cours. « L'avantage de cette formation par rapport à d'autres centrées sur le même thème est d'être très opérationnelle et très souple. Les sujets abordés varient en fonction des attentes des participants », se souvient Stéphanie Demay, directrice du développement durable chez General Mills Europe[2]. À HEC, les cinq jours du séminaire *Leading Strategies for Out-Standing Performance* ont troqué les cours pour de « nouveaux supports vidéo qui frappent davantage les esprits ». « L'intervenante nous passait des extraits des films *Gandhi* ou *Apollo 13*, commentait en même temps qu'elles défilaient les images pour nous expliquer comment les héros que nous voyons sur écran avaient construit leur stratégie, témoigne un participant, qui ajoute : On avait l'impression que nos échanges étaient à la base du cours, et non l'inverse. »

À l'INSEAD, les cadres inscrits dans la formation *Managing Global Virtual Team* s'entraînent à gérer des

1. Les entreprises hexagonales parlent de cadres à « hauts potentiels ».
2. Cité dans *L'Expansion* du 1er janvier 2012.

équipes à distance grâce à différents jeux de rôles et autres simulations.

Ces programmes présentent tous certaines caractéristiques typiques du management. Ils coûtent entre 6 000 et 12 000 euros la semaine (c'est le côté crapuleux du management). Ils sont trop courts pour être utiles (on retrouve le caractère pressé du management, son côté « tout, tout de suite »). Ils abordent des thèmes décousus ou réunissent des spécialistes éclectiques (c'est l'aspect « zapping » du management). Ils n'hésitent pas à fabriquer des formations sur mesure en développant des cours dont les élèves sont eux-mêmes les enseignants, un peu à la manière de ces romans dont vous êtes le héros (c'est le côté « disque à la demande » du management). Surtout, ces formations croient possible de remplacer l'expérience concrète par des jeux de rôles (c'est le côté « virtuel » du management).

L'essentiel est invisible avec les yeux

Les expériences vécues par les étudiants les façonnent et les font mûrir souvent davantage que les théories qu'on leur enseigne. Les stages permettent d'aborder le marché de l'emploi, pas seulement avec un diplôme, mais avec un CV.

En s'expatriant, en s'adaptant à une culture et à une langue étrangère, les élèves apprennent à se débrouiller. Lorsque les étudiants sont contraints de travailler à l'étranger ou de décrocher le diplôme d'une université partenaire, l'expatriation se révèle particulièrement formatrice.

Ce qu'il reste de traditions estudiantines, sous la forme des fameux week-ends d'intégration, par exemple, joue également un rôle décisif, en développant chez les participants un sentiment d'appartenance. Hélas, le risque zéro est passé par là et de plus en plus d'écoles y renoncent. Il est vrai que ces réunions festives sont souvent plus alcoolisées que de raison. En interdisant ce type de pratiques transgressives, les établissements évitent de s'interroger sur les causes d'une telle fuite en avant. Or, ces causes ne sont pas étrangères à notre sujet.

L'agoraphobie d'une génération terrée derrière ses écrans, dépressive et narcissique, doutant d'elle-même et manquant d'appartenance et de fierté collective explique ces dérives. La prise massive et rapide d'alcool et de drogues, c'est-à-dire de substances désinhibantes, dès qu'ils se retrouvent en groupe trahit le besoin contradictoire qu'éprouvent les jeunes d'intégrer le groupe mais aussi de le supporter. Ce n'est qu'en se « mettant mal », pour reprendre leur expression, qu'ils parviennent à se fondre dans un tout, à partager des émotions avec une communauté. Ce que recherchent les jeunes recrues de première année bizutées par leurs aînés, c'est ce que les anthropologues appellent un rite initiatique.

La vie associative et les travaux de groupe, omniprésents dans les *business schools,* jouent un rôle capital pour apprendre aux étudiants joies et vicissitudes de la vie en collectivité.

Pour autant, croire que ces écoles préparent à exercer l'autorité est une hérésie. Cela revient à imaginer que les IUFM forment de bons profs. Pour comprendre le redoutable défi soulevé par la diffusion du management, un détour paraît utile.

Plus on apprend à diriger, moins on sait diriger !

Avant de présider une réunion, impossible de savoir si vous savez diriger, exactement comme il est impossible de savoir si vous savez enseigner avant d'entrer dans une salle de classe. Entre un bon prof et un bon dirigeant, de nombreux points communs existent. Il faut savoir « tenir » un amphi ou une réunion, c'est-à-dire imposer une atmosphère propice au travail. Enseigner ou commander impose de s'exprimer clairement et de s'adapter à son auditoire, bref, de faire montre de pédagogie. Enseigner ou commander : les deux fonctions se ressemblent comme elles ressemblent au troisième métier impossible, selon Freud : celui de parent. Parent, prof ou patron sont chargés, au nom d'une hiérarchie, d'« élever » ceux qui sont placés sous leur autorité.

Le succès de livres comme *Tout se joue avant trois ans* ou *Comment élever votre enfant* témoigne du désir de bien faire (les managers aussi se montrent souvent très appliqués) mais aussi de la perte d'un savoir-faire fondé sur l'imitation et le bon sens. En appliquant des recettes qu'elles ont lues dans des livres, beaucoup de mères sont moins bonnes éducatrices que si elles avaient suivi leurs instincts. C'est ce qui se passe lorsque nos dirigeants appliquent des méthodes apprises. Le fameux rapport de 2010 consacré au bien-être et à l'efficacité au travail recommandait de « former les managers au rôle de managers ». Face à la crise du management, la réaction pavlovienne dénonce le manque de formation, alors que les formations au management sont en partie responsables de la crise.

Élever ses enfants, enseigner ou diriger ne va plus de soi. Dorénavant, chacune de ces trois activités est réputée s'apprendre au moyen de techniques spécifiques. En réalité, plus ces dernières se répandent et moins l'on sait éduquer, enseigner ou commander. L'ouverture d'écoles pour parents illustre que certains adultes ne savent plus élever leurs enfants. Les IUFM ont également été créés pour répondre aux besoins de jeunes profs débordés par leurs élèves. Écoles, MBA, séminaires ou coachings dans lesquels on apprend[1] « comment parler rémunération, mener un entretien annuel, remercier ou envoyer un mail bien écrit et poli » ou encore « accompagner le changement » pallient les manques de dirigeants ne sachant plus motiver. La demande de formation traduit le désarroi de générations ayant perdu la main. Terrible paradoxe, ces formations déforment des générations déjà mal préparées.

En farcissant la tête des profs de pédagogisme, on diminue leur sens pédagogique. En bourrant le crâne des dirigeants avec le management, on mine leur leadership.

Éduquer, enseigner et diriger exigent spontanéité et naturel et mobilisent les qualités ou les défauts de ceux qui s'y essayent, bref, leur personnalité. Enseigner ou diriger requiert un minimum de talent. On peut améliorer sa technique, se perfectionner, devenir excellent lorsque l'on est déjà bon. Mais lorsque l'on n'a pas la

1. Accompagner les enquêtes d'engagement, « Carnets RH » de *L'Express*, *op. cit.*

fibre, que l'on n'est pas « fait pour ça », un formidable effort suffira tout juste à vous rendre médiocre.

Certains hommes ne peuvent diriger. Trop rigides ou trop souples, excessivement timorés ou empathiques, leur personnalité se révèle incompatible avec l'exercice. « Un jour de 1532, Jean de Médicis, grand capitaine d'armée, fit un pari avec Machiavel et lui donna trois mille hommes à mettre en ligne selon les principes que ce dernier avait si bien énoncés. Pour le coup, le dupeur fut dupé. Pendant deux heures, Machiavel hurla des ordres et des contrordres, s'échauffa, jura et ne parvint jamais à mettre les soldats en rang. Pour finir, le seigneur Jean lui dit, en clignant de l'œil : "Je vais nous tirer tous d'embarras pour que nous puissions aller dîner." Et en un rien de temps, avec l'aide des tambourins, il fit évoluer ses fantassins (...). Ce fut une belle revanche du pratique sur le théorique[1]. » Huit siècles plus tôt, Sun Tse tenta d'épater l'empereur en lui montrant que ses enseignements permettaient de faire marcher au pas les courtisanes. Face au manque de leadership naturel du stratège, les dames du sérail crurent à un jeu. Elles pouffèrent et se marchèrent sur les pieds. Pour ne pas perdre la face, l'auteur de *L'Art de la guerre* fit trancher la tête de celle qui riait le plus fort. Terrorisées, les concubines se mirent à exécuter la manœuvre.

Ironie de l'histoire, les deux plus grands théoriciens de l'art de la guerre, le Florentin Machiavel et le Chinois Sun Tse, étaient tout bonnement incapables de commander.

De même, le diplômé d'une école de management ne sera pas nécessairement doué pour diriger tandis qu'un

1. Roberto Ridolfi, *Machiavel*, Fayard, 1960, p. 292.

étudiant en arts plastiques pourra se révéler un chef hors pair. Cette inconnue liée à la personnalité dans l'équation du chef est aujourd'hui niée. « (...) À l'heure où se multiplient les ouvrages qui vous apprennent à développer votre charisme, écrit Jean-Claude Monod[1], celui-ci se présente de moins en moins comme un don et de plus en plus comme l'objet d'une élaboration possible, d'un travail, voire d'une technique. »

Jean-Christian Petitfils[2] s'interroge : « Comment le jeune Louis XIV, qui n'a ni compétence particulière, ni formation technique, pouvait-il exercer le pouvoir face à un grand commis expérimenté ? (...) Il ne faut jamais oublier son attachement à tenir les rênes, son ombrageuse susceptibilité, sa volonté implacable d'être le maître, son goût certain pour le maniement des hommes, bref, son art de commander. »

Aucun livre n'apprend à commander. En revanche, appliquer des méthodes *ad hoc*, c'est courir à l'échec.

Éduquer, enseigner ou diriger supposent des valeurs, des connaissances ou des compétences sur lesquelles s'appuyer. La promotion d'un faux savoir diminue et dévalorise la part, pourtant cruciale, de savoirs authentiques, de compétences utiles et de valeurs. Plus les dirigeants apprennent à diriger, moins ils seront cultivés. Plus ils sont initiés à une fausse théorie, moins ils seront techniquement compétents. Plus les patrons maîtrisent la doxa managériale et moins ils disposent de valeurs pour fonder leur autorité.

1. Jean-Claude Monod, *op. cit.*
2. Jean-Christian Petitfils, *op. cit.*

On n'apprend pas à être soi-même, on le devient

Dans chacune de ces activités, il faut de la spontanéité, mais pas trop. Il faut y croire sans s'y croire. Un père, un prof ou un chef servent une fonction. Toutes ces activité sont des métiers où l'on est en représentation, on l'on fait semblant, où l'on doit veiller à ce que l'on dit et à ce que l'on fait.

Le management cumule deux défauts : il recommande aux chefs d'être naturels tout en leur enjoignant de suivre des techniques. Belle contradiction !

Pour bien diriger, il faut incarner un rôle tout en mobilisant sa personnalité. Les grands leaders savent qu'il s'agit d'un jeu, jeu sérieux, mortel parfois, mais jeu tout de même. Un jeu entre leur moi et le surmoi collectif qu'ils assument. Un petit chef se prendra pour le chef. C'est justement à cette identification totale qu'on le reconnaîtra ! De Charles de Gaulle, certains prétendaient qu'il se prenait pour Jeanne d'Arc. Ses *Mémoires de guerre*[1] révèlent que de Gaulle, Charles, personne privée, ne se confondait pas avec « le Général », artefact historique : « J'étais désormais prisonnier de ce double qui allait me suivre partout, de cette lourde armure, difficile à mouvoir, qui, aux yeux de tous, s'appelait le Général. » Nul ne naît chef. Tous le sont devenus. Certains costumes sont taillés si larges que même les plus fortes personnalités mettent du temps avant de les habiter. La présidence de la République française, par exemple, cumule la majesté du représentant de l'État et

1. Charles de Gaulle, *Mémoires de guerre, Tome I, L'Appel*, *op. cit.*

l'autorité brusque du chef opérationnel. Le président français est à la fois pot de fleur et porte-flingue. Le rôle est si ample que même un Mitterrand, dont les lettres de jeunesse[1] révèlent qu'il emprunta tôt la posture du monarque, mettra plusieurs mois avant de devenir « le » président. Une fois le rôle maîtrisé, le chef peut alors imprimer sa marque.

La personnalité ajoute sa patte, donne sa respiration et son inspiration à la fonction. Mais si le costume ne va pas à celui qui le porte, il ne saurait en changer. Le chef doit incarner et non écarter les bras. Parce qu'il appartient à la génération management, Nicolas Sarkozy a mis quatre ans de sondages plats pour réaliser que c'était à lui de se faire à la fonction et non l'inverse.

Connais-toi toi-même !

S'ausculter et se comprendre, voilà qui correspond à une autre marotte du management. « Connais-toi toi-même », recommandaient les Anciens. Depuis quelques années, entreprises et écoles de commerce psychologisent à tout-va. Les MBA de l'INSEAD[2] développent une approche clinique. Le *Mastering Executive Education* proposé par l'IMD de Lausanne[3] se fonde sur une « approche émotionnelle » et offre « autodiagnostics, partages d'expériences, vidéos, phases de coaching personnel et de groupe ». La mode managériale rejoint

1. *Cf.* Pierre Péan, *Mitterrand, une jeunesse française*, Fayard, 1998.
2. *Cf.* l'article que Pierre D'Huy consacre à « L'école des leaders » dans le numéro 12 de la revue *Médium*, juillet 2007.
3. *Mastering Executive Education*, FT Prentice Hall, 2005.

l'engouement pour l'écoute de soi. Se connaître : louable ambition, mais c'est celle d'une vie, non d'un séminaire ! Comment quelques séances avec un coach patenté permettraient-elles à un sujet de se comprendre lorsque des années d'analyse suffisent à peine ?

Lors de certaines thérapies de groupe, dignes des séances d'autocritique des gardes rouges, les cadres étalent leur moi intime. Ce mélange entre vie personnelle et professionnelle est effarant. Le « misérable petit tas de secrets » n'a pas à être couché sur *paper board*, encore moins à être mobilisé au service de la performance. La mode du coaching est lancée, elle sera difficile à stopper.

Hue coaching !

Ce terme, dont les managers américanouillards ignorent qu'il vient du français « cocher », est désormais partout. Le coaching est tellement entré dans les mœurs que des grands patrons, tels Margaret Whitman (e-bay), Henry McKimmel (Pfizer) ou David Patrick (Charles Schwab) admettent recourir à leurs services.

Entre deux licenciements et trois bonus, nos managers, cabossés de l'âme, réclament confidents, gourous ou nounous. Ces pauvres patrons recherchent une épaule sur laquelle se poser, une maman pour les consoler ! Un chef n'étale pourtant jamais ses états d'âme. S'il considère la charge comme trop lourde, il n'a qu'à la confier à un autre, plus résistant ! Se faire « cocher » n'est pas sans risque. Immanquablement, un bon coach prend l'ascendant sur son client.

Haro sur les maîtres !

Le management croit aux coachs mais pas aux maîtres. L'individualisme contemporain ne supporte plus l'inégalitaire relation maître-disciple. Cette dernière est pourtant consubstantielle à l'humanité[1]. À l'ère du commandement, aucun chef ne se passait de parrain ou de mentor. Étrange que l'ego des managers se sente moins froissé par la fréquentation d'un consultant tarifé que par celle d'un aîné transmettant gratuitement son expérience. Les psychanalystes s'insurgeront : psys ou coachs sont payés, ce qui est plus sain et évite que la « maîtrise ne dérape ». Mais le maître, lui aussi, poursuit un intérêt. Comme l'horizon temporel des managers se réduit au présent et que leur leadership s'exerce dans leur seul intérêt, ils n'imaginent pas qu'un vieux singe puisse apprendre ses grimaces à un plus jeune. Cependant, lorsqu'il est prévoyant, le chef prépare ses successeurs.

J'ai moi-même croisé la route de plusieurs maîtres sans lesquels je ne serais pas devenu ce que je suis. Armand Pékar, évadé de Drancy, résistant et homme à l'intelligence prodigieuse, m'a enseigné le courage et le réalisme. L'écrivain Jean-Claude Barreau, vulgarisateur génial, m'a initié à l'histoire et à la géographie. Ce personnage aux multiples vies m'a aussi appris comment, sans naïveté ni démagogie, un chef peut tirer le meilleur de chaque homme. Vieux fauve républicain, le ministre Charles Pasqua m'a montré qu'un tacticien hors pair peut rester fidèle à ses convictions.

---

1. *Cf.* à ce sujet, du même auteur, avec J.-C. Barreau, le premier chapitre de *Toute l'histoire du monde,* Fayard, 2004.

Réduit aux acquêts, le manager ne songe pas à prolonger ses acquis. C'est une autre facette du management, assez sombre, que de penser « après moi le déluge ! ». La figure du barbon ridé qui ne veut pas passer la main est vieille comme le monde. Regardez autour de vous, elle s'est généralisée. Assis sur leur tas d'actions, les vieux autocrates soixante-huitards, eux-mêmes formés par des maîtres dont ils ont reçu le flambeau, refusent de le passer. Ils n'y consentent que si leur narcissisme y trouve son compte. Certains conçoivent de remettre le pouvoir à leurs enfants. Si le pouvoir se prend davantage qu'il se donne, du moins il y avait jadis des occasions où le saisir.

Tuer le lion

On apprenait jadis le courage. Aucune société avant la nôtre ne s'était passée de transformer la violence en force. Aucune société n'avait nié l'instinct agressif des adolescents mâles en les abandonnant à eux-mêmes sans rite testant la bravoure. Les jeunes Masai tuent le lion. Les jeunes Français effectuaient leur service militaire. L'instinct agressif était sublimé en courage. La violence faisant partie de la vie, les jeunes étaient entraînés à y faire face. L'interruption de cet apprentissage produit de redoutables conséquences. Beaucoup ne savent plus dominer la brutalité tandis qu'une minorité de jeunes s'adonnent à une hyperviolence barbare. Lorsqu'une bande de « racailles » perturbent une manifestation, ils peuvent lyncher un lycéen sans que personne s'interpose. Ayant grandi dans un quartier défavorisé et ayant appris à me défendre, je me souviens que, lors des manifestations de 1995, j'avais réussi à encourager quelques camarades à mettre en fuite des casseurs. Le refoulement d'un instinct ne le fait pas disparaître. Au contraire, il le déchaîne. Les jeux vidéo en témoignent. Ces divertissements virtuels, éclaboussant d'hémoglobine, sont à la violence ce que la pornographie est à la sexualité. Cet instinct violent est étroitement lié à l'instinct hiérarchique. Seul le second peut réprimer le premier. On l'a noté, pour diriger, il faut être courageux. De même que les jeunes pensent apprendre à faire face à leur peur ou à leurs pulsions agressives en s'adonnant à des *shooting games* en réseau, le management espère former à exercer l'autorité grâce à des mises en situation, à des *serious games*.

Le principe de précaution triomphant interdit d'aguerrir les jeunes gens dont on espère extraire de futurs leaders. Un tel apprentissage se révèle pourtant indispensable. Dans notre univers aseptisé, forger les caractères des futurs dirigeants relève de la gageure.

Chef de meute

Autre éducation indispensable, celle de et à la vie collective. Hier, les écoles de management n'existaient pas mais les occasions de partager des activités de groupe étaient nombreuses.

Dans la France des années 1960, il était pratiquement impossible de grandir sans passer du temps loin des parents. Colonies de vacances, scoutisme, internats, dans ces structures encadrées on apprenait la discipline, la politesse ou les horaires. Ces expériences révélaient aux jeunes deux vérités consubstantielles au commandement : les autres existent et ils comptent plus que ma petite personne ! En plus d'initier aux contraintes collectives, ces structures enseignaient qu'obéir, ce n'est pas se soumettre à autrui (sauf si votre supérieur défend ses seuls intérêts), c'est respecter une hiérarchie (c'est le cas lorsqu'un chef commande au nom du bien commun).

Difficile de commander lorsque l'on n'a pas appris à obéir. C'est ce que faisait Saint-Cyr, en entamant la formation des officiers, en les faisant servir une année entière comme simple soldat. Jusqu'à l'avènement du paradigme managérial, toutes les grandes écoles imposaient plusieurs mois de stages ouvriers. Les firmes japonaises continuent de faire débuter leurs cadres comme employés. En Occident, cet apprentissage de l'humilité est tombé en désuétude. Ce renoncement est justifié au motif que cela coûterait trop cher ou prendrait trop de temps de fourvoyer des jeunes en les affectant à des tâches indignes. On en revient à l'obsession du « combien cela coûte, combien cela rapporte ? ». Ayant expérimenté la condition de leurs subordonnés, les chefs n'en deviennent que plus performants. Cette expérience les rend moins suffisants, pas moins exigeants (ils savent ce qu'ils peuvent obtenir), tout en leur évitant de ne pas l'être trop (ils savent ce qu'ils ne peuvent demander). Rappelons-nous les conseils avisés du général Dextraze : « Ce que nous demandons, exigeons-le de manière absolue, mais ne demandons rien qui ne soit pas indispensable ! »

C'est en forgeant que l'on devient forgeron

Ces institutions collectives ne livraient aucune recette, ne projetaient aucun *slide*, ne proposaient aucun coaching. Elles faisaient mieux. Elles mettaient le pied à l'étrier, donnaient les rênes et permettaient de s'essayer à diriger. Il ne s'agissait pas de jeux de rôles mais d'exercices réels, effectués à une échelle modeste mais sans filet.

Le commandement étant un art tout d'exécution, on doit s'y frotter. Songeons aux volontaires qui encadraient les colonies de vacances ou les camps scouts. Adolescents, deux ou trois jeunes étaient livrés à eux-mêmes et chargés d'encadrer une centaine de marmots. Il n'y avait ni portable ni adulte. Les jeunes chefs en herbe goûtaient l'exaltation du commandement, ils ressentaient la responsabilité qu'il implique et parfois l'angoisse qu'il suscite. Ils éprouvaient ce qu'est motiver, sanctionner, récompenser ou prévoir. Ce type d'épreuve était mille fois plus formateur qu'un MBA. L'exercice était bien plus révélateur des qualités de leadership que n'importe quel séminaire de management.

L'une de mes amies, sexagénaire, me raconta l'expérience qu'elle fit comme cheftaine scoute alors qu'elle était âgée de seize ans. Avec un autre chef de patrouille de son âge, elle dirigea un camp de louveteaux, de huit à douze ans. En plein Vercors, à des dizaines de kilomètres de toute habitation, elle organisa un jeu nocturne qui faillit mal tourner. Ayant repéré un gamin débrouillard, elle lui avait demandé de se cacher et de ne se laisser attraper sous aucun prétexte. Puis elle avait réveillé sa troupe en pleine nuit en lui faisant croire que le garçonnet était perdu. Après plusieurs heures de recherche, le gamin demeura introuvable. Affolée, mon amie arrêta le jeu en demandant au Petit Poucet de sortir de sa cachette. Obéissant au doigt et à l'œil, planqué derrière son chêne, l'enfant refusa obstinément de se montrer. Heureusement, peu après le lever du jour, ils finirent par le retrouver. Expérience angoissante qui résume certaines affres du commandement : accorder sa confiance, donner des ordres, s'assurer qu'ils seront bien compris, etc.

Comme les colos et les scouts, partis politiques et syndicats faisaient d'extraordinaires viviers de chefs. On y expérimentait la fraternité, on y partageait des valeurs. On y apprenait à s'occuper des autres et à servir. Surtout, on y repérait des leaders. En France, la majorité des patrons de plus de soixante ans sont passés par de remarquables formations au commandement, comme celles offertes par les Cœurs vaillants[1] ou la Jeunesse ouvrière chrétienne (JOC).

De Jacques Delors à Lionel Jospin, la plupart des dirigeants socialistes d'avant le management furent formés par la JOC. Nombre de leaders conservateurs sont sortis des rangs turbulents d'Occident. La LCR, la Ligue communiste révolutionnaire, a également donné à la gauche de nombreux chefs. Dans le secteur privé, la Ligue a aussi produit d'innombrables patrons « à l'ancienne ».

L'une des meilleures pépinières de chefs furent les réseaux de résistance à propos desquels Laurent

1. *Cf.* à ce sujet le livre de Jean-Baptiste Harang, *Nos Cœurs vaillants*, Grasset, 2010.

Douzou[1] note : « Il n'y a pas de congrès, pas de motion, ni de vote. (...) C'est-à-dire que des gens montent à des postes de responsabilité sans que la question soit clairement discutée. Et s'imposent parce qu'ils font des choses que d'autres ne savent pas faire ou n'oseraient pas faire. »

L'individualisme ambiant, y compris celui de mes collaborateurs, tente de me dissuader d'imposer des expériences permettant d'apprendre la solidarité et le courage aux étudiants. Victimes d'un contresens, ils me disent : « Vivre pendant une semaine dans la promiscuité d'un voilier est une formidable opportunité mais il faut la réserver aux volontaires. » Mais si seuls les volontaires saisissent cette opportunité, seuls ceux qui, par héritage familial ou tempérament, ont échappé au conformisme ambiant en profiteront. Autrement dit, seuls ceux qui n'ont pas besoin de cette expérience la vivront. Les autres ne peuvent y être obligés ! Cette formule résume à elle seule comment on prive les générations futures de la clé de tout commandement. Tant que le bon plaisir individuel restera invincible (on ne peut pas « obliger »), nous peinerons à détecter et à préparer de futurs leaders. Un chef est précisément celui qui s'oblige et qui oblige.

Fort de ce principe que seule l'expérience révèle les tempéraments de meneurs, le cursus de l'école que je dirige prévoit une expérience d'encadrement réel de plusieurs mois, pendant laquelle les étudiants de quatrième année recrutent, évaluent, motivent et sanctionnent des élèves de deuxième année, en les faisant

1. Laurent Douzou, *La Désobéissance, histoire du mouvement Libération Sud*, Odile Jacob, 1995.

contribuer à un projet associatif ou d'entreprise. À ma connaissance, nous sommes les seuls à intégrer de manière obligatoire une expérience de ce genre. En partenariat avec Saint-Cyr, HEC propose à ses élèves de rejoindre un peloton d'élèves officiers mais il s'agit, une fois de plus, d'une option.

Lors de ma courte expérience, je me suis heurté et je continue à le faire à la mentalité « anti-commandement » de l'époque. Chaque jour, j'éprouve à quel point elle fait obstacle à la préparation de futurs leaders. Réapprendre à commander n'est cependant nullement impossible. C'est même l'un des plus redoutables défis qui attendent ma génération. Sans quoi nos enfants régneront sur un monde qui ne sera plus dirigé, c'est-à-dire sur des ruines.

On sent, ici et là, poindre quelques indices révélateurs de ce que le paradigme craque. L'avènement irrésistible de la responsabilité sociale de l'entreprise, la fameuse RSE, fait partie de ces failles. La RSE ne remet en cause, ni la logique du management, ni le règne de l'actionnaire, ni le primat du bon plaisir. Dans une large mesure, la RSE relève même d'une tentative de sauvetage du management.

Les récents scandales Ikea et Maurice Lévy[1] montrent à quel point les protestations morales et civiques du Big Business doivent être accueillies avec circonspection. Si la RSE n'est pas la révolution qu'elle prétend être, on

1. Maurice Lévy, ex-président du directoire de Publicis et auteur d'une tribune dans *Le Monde* intitulée « le capitalisme d'après crise sera éthique ou ne sera pas », est parti avec 16 millions d'euros de bonus en plus d'une très confortable retraite. Quant à la firme suédoise d'ameublement, elle posait volontiers en société modèle en matière sociale jusqu'à ce qu'on la prenne la main dans le sac à espionner ses salariés.

doit se féliciter de l'engouement qu'elle suscite. La mode de la RSE trahit le besoin d'un supplément d'âme et témoigne de la recherche d'un modèle d'encadrement susceptible d'apporter un sens et une utilité sociale.

Du côté des *business schools*, on observe la même recherche un peu gauche d'un nouveau modèle. La volonté de renouvellement est réelle mais le souhait de ne pas remettre en cause les fondements du modèle ne l'est pas moins. Ces pédagogues qui prétendent renouveler le management font songer à un homme qui claquerait une porte tout en la retenant au dernier moment. Ambivalente est aussi cette génération Y, plus isolée que les précédentes mais toujours connectée. Plus aliénée aux marques, à la com' et au marketing mais infiniment moins dupe. Plus insouciante mais moins naïve. Elle porte en elle les germes d'une révolte contre l'ordre managérial.

Du côté des théoriciens de la gestion, quelques voix dissonantes commencent à se faire entendre. Le professeur canadien Hyman Minsky critique les a priori absurdes du management. Plusieurs démonstrations de son livre intitulé *Des managers, des vrais, pas des MBA* rejoignent les intuitions et les analyses développées dans ces pages. En France, le professeur Yvon Pesqueux adopte la même posture hétérodoxe. Ces intellectuels sont de moins en moins isolés. Un patron indien, Vineet Nayar, à la tête d'un des plus grands groupes mondiaux de SSII, a publié *Employee first, Customer second,* ouvrage dans lequel il explique qu'au sein de son entreprise la promotion de chefs qui inspirent confiance, qui motivent avec enthousiasme et exigence leurs subordonnés, est responsable du succès. En regardant de près la vie économique, derrière tout succès fulgurant d'entreprise, il y a un manager qui s'est remis à commander. Nous tomberions dans ce que nous avons constamment dénoncé, si nous attendions, comme le font les partisans de la RSE, que le monde économique apporte des solutions politiques. L'avènement des managers est d'abord la conséquence du sabordage des États et de leur capitulation face aux marchés. Il en va de la sauvegarde du système capitaliste.

Les chefs doivent reprendre le glaive des mains inexpérimentées des marchands.

TABLE

Photocomposition Nord Compo
Villeneuve-d'Ascq

Cet ouvrage a été imprimé en France par
CPI Bussière
à Saint-Amand-Montrond (Cher)
en février 2013

Pour l'éditeur, le principe est d'utiliser des papiers composés de fibres naturelles, renouvelables, recyclables et fabriquées à partir de bois issu de forêts qui adoptent un système d'aménagement durable.

En outre, l'éditeur attend de ses fournisseurs de papier qu'ils s'inscrivent dans une démarche de certification environnementale reconnue.

36-57-2668-6/01

Dépôt légal : février 2013.
N° d'impression : 124326.